JN196133

寺嶋直史 著

仕事の質とスピードがUPする

課題解決思考の技術

Problem
Solving
Thinking
Techniques

中央経済社

はじめに

■ 「思考法」はなぜ難しく感じるのか

　本書の主題である「課題解決思考」は，他にも同様の言葉で「問題解決思考」「論理的思考」「ロジカルシンキング」などがあります。これらはすべて，物事を結論と根拠に分けて，それらがどのようにつながるのかを筋道を立てて論理的に思考することが基本になっています。

　ものごとを考えるには，「筋道を立てて思考する」ということは至極当然なことで，多くの人が日常で行っているものですが，これら「課題解決思考」「論理的思考」「ロジカルシンキング」などの専門用語を聞くと非常に難しく感じてしまい，「一部の頭の良い人が特別に身につけているもの」「難しくて自分には習得できない」と考えてしまいがちです。

　実際に多くの人が，思考法に関する書籍を読んだり研修を受けたりして，一度は課題解決思考の習得，あるいは思考力向上を目指した経験があるかと思います。しかし，思考に関するさまざまな書籍を読み漁っても，結局のところ「わかったようでよくわからない」「どうすれば身につくのか，どうすれば使いこなせるようになれるのかがわからない」というように，モヤモヤしたまま習得できずにいる人が大多数だと思われます。

　なぜこのような状況に陥ってしまうのか，その理由はいくつか考えられます。

[思考法関連の書籍を読んでも習得できない理由]

> ①　習得のための手法や手順が十分に示されていない。
> ②　「課題解決力がある」とはどのような状態なのか，目指すべきゴールが不明確。

③ 示された思考法が部分的であり，どのような場面で活用すれば効果的なのかが不明確。

④ 文章中心で図表や事例が少なく，活用状況のイメージが描けない。

⑤ 思考法ではなく，フレームワークが中心に書かれている。

⑥ そもそも書籍の執筆者の思考法の理解が不十分な場合があり，書籍の内容が正しい思考法を示しているとは限らない。

　このように思考法というのは「何が正解なのか」が曖昧で，全体像がぼんやりしていて実態がよくわかりません。つまり，みんなが「目指すべきゴール」と「ゴールに到達するための手法や手順」を理解できていないのです。そのため世の中にさまざまな思考法関連の書籍が存在していても，読者は書籍の中身の良否について判断することができません。「課題（問題）解決思考を身につけたい」「仕事ができるようになりたい」という願望を持って書籍を購入しようとしても，執筆者の肩書やタイトルで判断して選択するしかないのです。

　そして，さまざまな思考法の書籍を読んでも，なんとなくわかったような気になるだけで終わってしまい，実務で活用できるレベルに到達することができずに，モヤモヤだけが残ってしまうのです。

　「思考法を学んでも理解できない，習得できないのは自分だけではないか？」と不安に思っている人も多いと思いますが，ほとんどの人が同じ状況で，実際に私のコンサルタント仲間の多くが，習得できずにいるのが現状です。

■誰でも簡単に習得できる本書の特徴

　そこで本書は，これまでの書籍などによる伝わりづらい思考法の問題を解決し，さまざまな場面で活用する思考法を総合的に整理し，読者の悩みを解決できる内容となっています。

本書の特徴は次のとおりです。

[本書の特徴]

① 課題解決力が向上し，仕事のスピードと質が一気に高まる，かつ誰でも簡単に実践できる「課題解決思考」について詳細に解説。

② 初級編・中級編・上級編・実践編の４部で構成され，レベルに合わせて読み進められるとともに，実践編では効果的な勉強方法や読書方法など具体的な手法を明記。

③ 「三大不適格思考」や「考えが足りない」「視野が狭い」「考えが浅い」「頭が固い」といった思考に関する問題をすべて解決できる方法を記載。

④ 「思考力アップ三法則」や「推論法」などの煩雑な業務をスピーディかつ高品質で実施できるためのテクニックや思考法を伝授。

⑤ わかりやすく，即現場で実践できるよう，随所に図解と事例を掲載。

⑥ 脳科学の知見を踏まえた，脳のルールに従った合理的な内容を紹介。

　このように本書の内容を習得して実践すれば，課題解決力が高まり，仕事の質とスピードを一気に高めることができるようになります。

　本書によって課題解決思考を習得し，１人でも多くのビジネスパーソンが高いレベルで業務が行えるようになり，満足感，充実感が得られるようになることを願います。

2025年1月

株式会社レヴィング・パートナー

代表取締役　寺嶋　直史

目　次

Ⅲ　上級編

Ⅳ　実践編

【読者限定特典】
「課題解決力を高める手法（番外編）」のダウンロード方法・224

I　初級編／第1章

「思考」と「課題解決思考」を
理解する

1-1　「問題と課題」「問題解決と課題解決」の違いとは？

　課題解決思考の説明に入る前に，「問題と課題」「問題解決と課題解決」について，各々の定義とその違いを押さえておきたいと思います。

　ビジネスでは「問題」と「課題」といった言葉を使う場合，両者を混同して使用するケースがよく見受けられますが，定義では明確に区別されています。

　「問題」とは，目標と現状との間にあるギャップ，差異のことです。そして「課題」とは，目標と現状とのギャップを埋めるためにやるべきことで，「問題」を解消するための取り組みのことです。

　例えば，営業成績が悪化した場合，問題は「営業成績の悪化」で，課題は「営業成績悪化を改善する取り組み」です。また，システムに不具合が発生してシステムを使うことができなくなった場合は，問題は「システムの不具合」「システム使用不可」であり，課題は「システム不具合を解消してシステム再使用可能な状態に戻す取り組み」ということになります。

　次に「問題解決」とは，現在抱えている問題を解決に導くための行動で，主に「問題」というネガティブな状態を解決する場合に用いられます。

　一方で「課題解決」とは，目標を達成するための行動であり，問題というネガティブな状態を改善すること以外に「目標達成」といった「強みをさらに伸ばして成長させて目指すべき目標を達成する」というポジティブな場合にも活用されます。

　例えば，自社で開発した商品が地元で大人気だった場合，ネット通販を活用すれば，強みである商品をより多くの顧客に買ってもらうことができます。また，強みである開発力を活かして新たな人気商品を開発すれば，さらに売上を伸ばすことが可能です。

　個人の場合でも，技術部門であれば，自身の技術力を磨き上げてより高

いレベルの業務を任されることができます。営業部門であれば，自身の営業力を磨くことでより多くの成果を上げることができますし，さらに販促・マーケティング・ブランディングの知識やノウハウを習得すれば，個人だけでなく組織全体の売上アップに貢献することができます。

　このように課題解決は，問題の解決に加えて，「強み活用」「強み強化」といった側面も含まれます。

　本書では「課題解決思考」という言葉を使っていますが，これはネガティブな内容の解決と，ポジティブな内容の達成という，双方を満たすための思考法を意味しています。

　なお，これらの問題と課題，問題解決と課題解決の区別について，書面による成果物では明確に使い分ける必要が出てきます。しかし，現場での議論の中でやりとりする際に，こうした細かい定義にこだわりすぎる必要はありません。

　ビジネスのやりとりの中で「それは課題ではなく問題でしょ？」といった指摘をする人がいますが，こうした指摘は，第3章で説明する「当てはめ思考」や「指摘思考」につながるものであり，あまり意味のある指摘とはいえません。建設的な議論を止めてしまったり，本質的な議論から外れてしまったりする要因にもなります。

　もちろん，誤りを訂正するのは正しいことではありますが，そういう指摘よりも，本書を通じて的確に課題を解決する提案といった「中身」に集中して議論，提案のできるプロフェッショナルを目指してください。

1-2　仕事ができる人とできない人は何が違うのか

　多くのビジネスパーソン，経営者，コンサルタント・士業などが，自身の仕事について多くの問題を抱え，日々悩んでいます。

　仕事の悩みというのは，例えば次のとおりです。

[仕事が苦手な人の悩み]

- 仕事が効率的にできず，時間ばかりかかる。
- 仕事で作成する成果物の品質が低い。
- 良い結果が出せない，成果が出せない，会議や打合せなどでも良い発言ができない。
- 顧客や部下・後輩から質問されても，的確なアドバイスができない。
- 上司から指示されてもどうしたらいいのかわからず，すぐ行動できない。
- いつも上司や同僚の言うことに従うだけで，自分で解決策を導くことができない。
- 「わからない」「知らない」と言えず，知ったかぶりをしてごまかしてしまう。

　このように，日々の業務の中でさまざまな問題に気づいたとしても，自身で解決できず，常に心配事や悩みを抱えてしまっている人が多いと思います。

　また，仕事で悩みがなく，自分では仕事ができているつもりでいても，外部の人から見て「この人仕事ができないな」と思われている人も多くいます。

　では，仕事のできない人の特徴はどのような人なのか，次に整理します。

[仕事のできない人の特徴]

- 指摘や，あるべき論ばかり主張して他人を批判する。
- 現場の状況にかかわらず自身の知識や経験だけで主張する。
- 主張が机上論で現場感覚がなく，アクションにつながらない。
- ルールや規則，命令に依存して，現場に合わせた柔軟な対応ができない。
- 自身で答えを出さず，部下に丸投げする。
- 上司に忖度して，現場でなく上司の顔色を見て仕事をする。
- 上司から丸投された仕事にだけ集中して現場を放置する。
- 会話や主張が本筋からズレる。
- 思いつきで発言し，物事を深く広く考えない。
- 思い込みが激しく，自身の非を認めない。

　この他にも，仕事のできない人の特徴はさまざまあると思います。

　このように「仕事の悩み」や「仕事のできない人」というのはなぜ生まれるかというと，1つの共通点があります。それはすべて「課題を解決するための思考法を身につけていない」ということです。

　一方で，仕事ができる人の特徴を次に整理します。

[仕事ができる人の特徴]

- 判断の質が高く，スピードが早く，決断力がある。
- 安定して結果を残す，成果を出す。
- 最適な解決策をすぐに導き出して提案する。
- 提案書や企画書などの書類の作成が早く，質も高い。
- 顧客に対して瞬時に的確な解決策を提示する。
- 会議や打合せで常に，迅速かつ的確な解決策を提案する。

　以上が仕事ができる人の特徴です。これらの「仕事ができる人の特徴」は，実はすべて「課題解決思考」を身につけた人であれば普通にできることです。

　こうした特徴は，一般的に「頭が良い」と評価されがちな人の特徴である「豊富な知識」「高学歴」「高難易度資格」「記憶力」「IQ」とは異なるものであることがわかると思います。

　「豊富な知識」があっても単なる雑学だと仕事に活かすことはできません。「高学歴」や「高難易度資格」という肩書は受験という限定的な場面で成果を出しただけで，相対的に思考力が高い，あるいは仕事ができるとは限りません。

　「記憶力」は成長すれば一部の人を除いて大差はなく，記憶力に自信がなくてもメモで対応すればよいだけです（メモの重要性は **5-7** 参照）。「IQ」の高さは時間内にどれだけ多くの情報処理ができるかであり，取り扱う情報を広げずに絞り込めばよいのであって，実際にイノベーションを起こす人は自身の業務に特化した人です。

　つまり，成果を出し続けることができる人は，これら周囲から頭が良いと判断される指標を保有しているかどうかではなく，「課題解決思考」で思考して行動している人なのです。

「思考」を脳科学から理解する

仕事ができる人の特徴である「課題解決思考」の話の前に，「思考」とは何かについて説明します。

「思考」をweblio国語辞典で調べると，「人間が情報を処理し，判断や解決策を導き出す脳の活動を指す。この活動は，観察，記憶，推論，判断，想像などの一連の過程を含む」とあります。

つまり思考とは「最適な結論を出すための脳の活動」ということです。

また，「思考力」とは「考える力」であり，「考える方法」を身につけて磨き上げれば，思考力は向上します。

つまり，思考力とは「スキル」であり，記憶力などの生まれ持った「地頭」や「才能」ではありません。身につけて磨き上げることができるものなのです。

スキルということは，やり方によって「質」や「レベル」が向上し，鍛えればどんどん成長していくものです。

思考についてもう少し掘り下げると，思考は脳で行うものなので，脳のメカニズムを知ることで思考力向上のさまざまなヒントが見えてきます。思考力を向上させるためには，脳を成長させる正しい方法で行う必要があるというわけです。

脳内科医・医学博士で，株式会社脳の学校の代表である加藤俊徳先生は，脳に関するさまざまな書籍を出版しており，その中からほんの一部ですが，次のとおり概略を示します。

●脳は，思考系・理解系・記憶系・感情系・伝達系・運動系・視覚系・聴覚系の8つの脳番地に分類できる。

●思考系は，思考・意欲・想像力などを司る脳番地のリーダーであり，ど

7

の脳番地とも交流を持つが，特に理解系・記憶系と連携することで脳力がアップする。

●学生の脳は思考系・理解系が未発達で丸暗記ができる。一方で大人になると脳は思考系・理解系が成長し，これらが記憶系と連携しやすくなって脳全体の機能が向上するが，記憶系単独ではなかなか働かなくなる。そのため学生時代のひたすら暗記する学習方法，記憶系だけを鍛えるトレーニングは大人には不向き。

●脳はいくつになっても成長し続けていく。形の上でも変化し，機能的にも成長していく。

●脳を鍛えるには「使う」こと。脳は早ければ2〜3週間で変化する。

　このように，脳科学的に見ても思考は磨き上げることで成長する，つまり思考力はスキルであることがわかります。

　我々はつい「記憶力が良い＝頭が良い＝仕事ができる」と思いがちですが，前述したとおり「思考」と「記憶」は脳の中でもまったく別の機能です。思考力を高めるには「思考系」を使うこと，さらにものごとを理解する「理解系」と，情報を出し入れする「記憶系」とともに，「思考系」の脳を働かすことが重要だということです。この具体例は **3-2** で説明します。

　つまり，新たな情報を見聞きしたとき，その情報を理解できれば，思考しやすくなりますし，記憶しやすくなります。また，すでに多くの情報を記憶として蓄積していれば，新たな情報を見聞きした際に理解力は高まりますし，思考力も向上して，さらに新たな情報も記憶に残りやすくなるわけです。

　要するに，入手した情報の状況をしっかり理解すること，そしてその情報と，保有する記憶を連動させながら思考することが大切になります。

　丸暗記できる学生時代は，与えられた問題を解いて答えを暗記し，試験

の点数を上げれば優秀と評価されます。一方でビジネスにおいては，自ら前例のない，答えのないさまざまな課題を発見し，自ら答えを見出して解決しなければなりません。そして自分自身でゴールを設定し，ゴールに向けて戦略的に取り組む必要があります。

　いくら知識をたくさん覚えても仕事ができるとは限らないのは，記憶した情報が単なる「知識」止まりであり，思考系や理解系と連携して実践で活用できる「スキル」のレベルに達していないことが要因といえます。

　このように思考力は，脳のルールに従って高めることがポイントになります。

　多くの人が社会人になってさまざまな研修やセミナーを受講したり，ビジネス書を読んだりしていますが，その後に大きな差がついて，著しく成長する人とそうでない人に分かれます。

　成長しない人は，単に知識習得のために実施しているだけで，自己満足や，SNSで発信するだけで終わってしまいます。一方で成長する人は，自身の成長のために受講し，すぐにビジネスに活かします。

　私は「経営コンサルタント養成塾」という研修の塾長として，毎年多くのコンサルタントやそれを目指す人たちに，教科書やビジネス書にはない，現場のノウハウを教えています。成長する受講生は，頻繁にメモを取り，復習も欠かさず行い，よく質問にきます。

　そして学んだノウハウを自身の活動に活かすために，講義の内容をしっかり理解して実際の現場で実践しています。このインプットとアウトプットを迅速に実施するから成長が早いのです。

初級編

1-4 「課題解決思考」とは

　思考とは「人間が情報を処理し，判断や解決策を導き出す脳の活動」と前述しましたが，要するに思考は「課題を解決するための脳の活動」だと要約できます。

　そして課題を解決するためのスキルが「課題解決力」であり，課題を解決するための思考の手順が「課題解決思考」になります。

　つまり，課題を解決するためのスキルである課題解決力を高める思考の手順が「課題解決思考」であり，課題解決思考を習得して日常的に活用できる状態に成長すれば，高いレベルで課題解決力を習得した状態に到達できるということです。

　スキルであるから，仕事や趣味，料理やスポーツのやり方と同様に，思考も「課題解決思考」という正しい手順を理解して実践し，繰り返し練習して磨き上げていけばよいわけです。

　手順の重要性に関する理解促進のため，思考とは別の例で説明します。

　料理は，レシピを見ながらであれば，料理の素人でも美味しい料理ができます。料理のプロは，レシピが完全に頭に入っているため，スピーディにレシピどおりの美味しい料理を作ることができます。

　このとき，ポイントになるのがレシピの質であり，プロが作ったレシピであればプロレベルの料理が作れますが，素人が作ったレシピでは，慣れれば料理のスピードは上がりますが料理の質の向上は期待できません。

　つまり，一気に料理のレベルを上げるためにはプロの料理が再現できるレシピが必要で，そのレシピどおりに料理することが重要です。日常生活でインスタントラーメンや目玉焼きくらいしか作ったことがないような人が，いきなりレシピなしで高級フランス料理を作ろうとしても無理という

初級編

料理

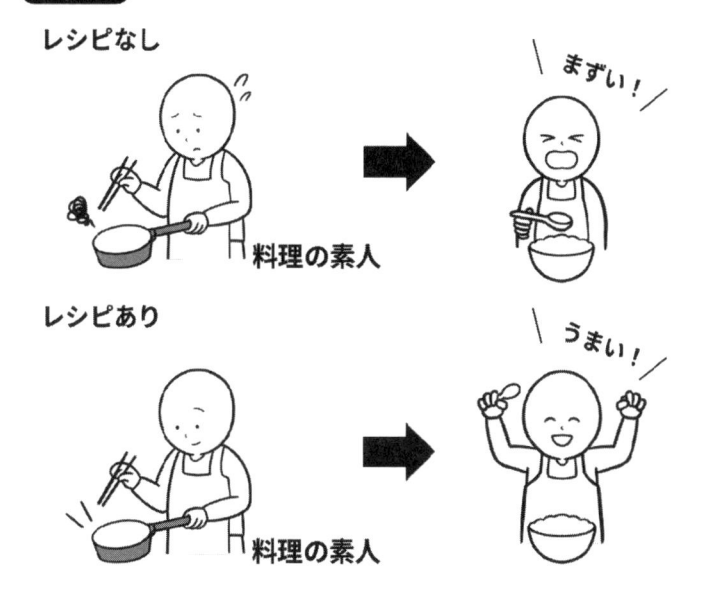

レシピなし

料理の素人 → まずい！

レシピあり

料理の素人 → うまい！

仕事

難易度の高い業務：思考の手順を知らない場合

 3か月後 → 完成度低い報告書

難易度の高い業務：課題解決思考の場合

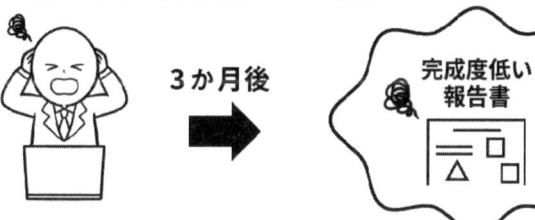 1か月後 → 完成度高い報告書

わけです。

　また，「ものづくり」における大量生産の製造現場では，実際に製造に携わっているのはパートタイマーの人たちです。パートタイマーの人たちはものづくりの素人ですが，納期どおりに高品質な製品を製造しています。

　なぜ，ものづくりの素人が短納期で高品質にものを作れるかというと，素人でも素早く正確にものを作るための「手順」があるからです。

　ものづくりでは，仕入から加工，組み立て，検査など，決まった製造工程があり，各工程で効率的に行うための作業手順があります。全体の手順がしっかりマニュアル化されて実践されているからこそ，スピーディに高品質なものが大量に作れるのです。

　その他，どんな仕事や作業でも「手順」が存在します。その手順が正しいものであり，手順どおりに行うから正確かつ効率的に作業を行うことができるのです。

　作業が煩雑になればなるほど，スピーディかつ高品質に，効率的かつ効果的に行うには手順が重要になります。

　逆の言い方をすると，手順がなければ，あるいは手順を知らなければ，物事をスピーディかつ高品質に実施することはできません。

　実は思考でも同じで，課題を解決する思考にも手順があって，どんな煩雑な課題が発生しても，この課題解決思考の手順どおりに思考することで，解決策を導き出すことができます。

　つまり，ものごとをスピーディかつ高品質に思考して解決するための手順が「課題解決思考」なのです。

　「手順」であるため，手順どおり実行すればものごとを解決できますし，その手順を習得して使いこなせるようになれば「課題解決力」というスキルを習得することができるわけです。

　これは料理の素人がレシピを習得してレシピどおりの料理をスピーディ

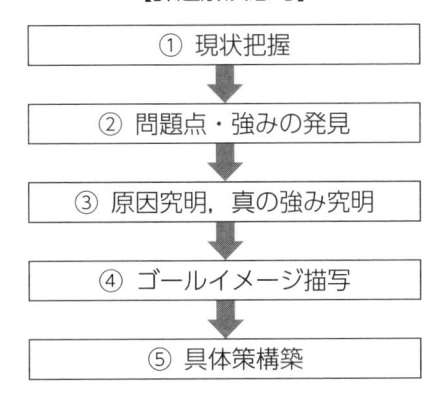

に高品質に完成させることと同じことです。

　その手順は上図のとおり「①現状把握→②問題点・強みの発見→③原因究明，真の強み究明→④ゴールイメージ描写→⑤具体策構築」です。

　各手順の詳細については次章で説明しますが，この手順は課題を最短で解決するための思考法であり，非常にシンプルなので誰にでも簡単に実践できます。

　そして無理にフレームワークを使わなくても，この手順を実践するだけで高い課題解決力を身につけることができるのです。

　ベンチャー企業で成功している社長や，優秀なビジネスパーソンなど，実際に成果を出し続けている人は皆，無意識に自然とこの課題解決思考を実践しているのです。

1-5 課題解決思考の脳内イメージ

　課題解決思考の具体的な手順の説明に進む前に，課題解決思考の効果とその全体像をイメージしやすいようにイラストを使って説明します。

　まずは課題解決思考の効果について，もう少し深掘りして説明します。

　課題解決思考は，課題を解決するための思考の手順であり，その手順が前項のとおり「①現状把握→②問題点・強みの発見→③原因究明，真の強み究明→④ゴールイメージ描写→⑤具体策構築」です。これは「最短で課題を解決するための手順」ということになります。

【課題解決思考のイメージ図】

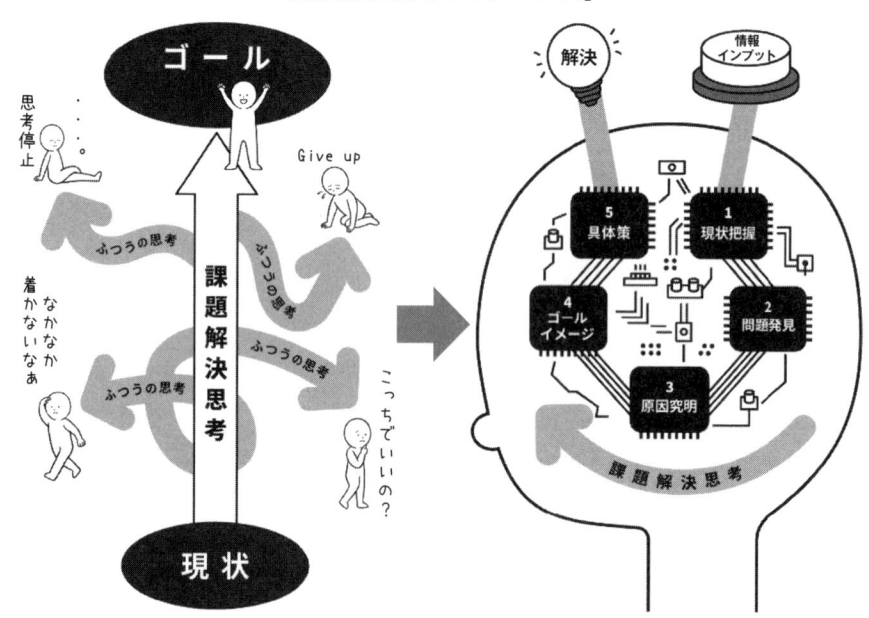

「課題解決思考」どおり思考するだけで，どんな問題でも最短距離で解決できる思考力が身につく

「課題解決思考」で繰り返し思考することで，脳が自動化（習慣化）して頭の回転が速くなり，瞬発的に解決策を導き出せる！

初級編

　そして課題解決力が高く，常に成果を出し続けている人は，この手順を認識していなくても，手順どおりに思考して行動し，最短の時間や労力で目指すべきゴールに到達しているのです。

　この方法で思考していなければ，いくら時間や労力をかけてもなかなか目指すべき目標に到達しなかったり，どうすればよいのかわからず悩み続けたり，思考停止に陥ったり，途中で諦めたりする場合が多くなります（左図のイメージ）。

　さらに，この課題解決思考を何度も繰り返すことで，この手順で思考することに脳が慣れてきて，無意識にこの手順で思考できるようになります。

　これを脳科学的に「脳の自動化」と呼びますが，同じ手順で繰り返し思考することで，思考が習慣化されるわけです。

　例えば，日常生活で外出するときに無意識に家の鍵を閉めたり，家から駅まで無意識でも歩いていけるのは，脳が自動化して習慣化しているからです。

　課題解決思考の手順も同様に，繰り返し思考していれば，自然と課題解決思考の手順で思考できるようになります。

　結果，手順での思考が勝手に，まるで回路のようにクルクル回るようになって頭の回転が速くなり，瞬発的に解決策を導き出せるようになります（右図のイメージ）。これが課題解決思考のゴールイメージです。

　続いて課題解決思考の全体像のイメージについて説明します。

　次のイラストは，ヒアリングを行いながら課題解決思考を実施している状況のイメージを表現したものです。このイラストに沿って説明していきます。

【ヒアリングと課題解決思考のイメージ図】

　まずはインプット（情報収集）ですが，ヒアリングで相手から話を聞き出し，その話を理解していきます。これが「①現状把握」です。

　そして，ヒアリングで現状把握を行っているときに相手の話から，例えば「利益が出ない」「社員のモチベーションが低い」「営業担当が新規開拓をしない」といったネガティブな情報が出てきたとき，これが「②問題点の発見」です。

　反対に，現状把握の中で相手から「うちは営業担当が優秀だ」「品質には自信がある」などのポジティブな話が出たら，これが「②強みの発見」になります。

　これらの問題点や強みを発見したら，すかさず「なぜか？」と問いかけて，問題点の原因や真の強みの究明のために掘り下げていきます。これが「③原因究明，真の強み究明」です。

　原因や真の強みが究明できたら，次は，問題点の場合はその原因を改善

するためのゴールイメージが描けます。

例えば，「仕事のスピードが遅い」という問題点を抱えている場合，その原因が「ブラインドタッチができないのでパソコンの入力が遅い」であれば「ブラインドタッチをマスターする」というゴールイメージが描けます。

また，原因が「送られてくるフォーマットに不足している項目があっていちいち相手に問い合わせをして確認して記入している」ということであれば，「フォーマットに不足の項目を追加する」というのがゴールイメージです。

そして真の強み究明の場合は「強みを活用する」「強みをさらに強化する」「強みを浸透させる」などがゴールイメージになります。

ゴールイメージが描けたら，次はそのゴールイメージを実現するための具体策を考えます。これが「⑤具体策構築」になります。

なお，ゴールイメージや具体策のレベルを高めるためには，基礎知識と実践スキルが必要になります。実践スキルとは，**5-2** で詳細に説明しますが，実践で活用できる知識やノウハウです。

例えば，学生時代に学んだことの中で仕事などに活かせない場合，それは単なる知識ですが，仕事でさまざまな経験を積んで，業務を素早く高品質に実施できる人は，その業務のさまざまな実践スキルを習得していることになります。

I 初級編／第2章

「課題解決思考」の手順

2-1　課題解決思考の手順①　現状把握

　本章では，これまでお話ししてきた課題解決思考の手順について詳細に説明していきます。まずは「現状把握」です。

　現状把握とは，「事実」を「正確」に「理解」することです。

　現状把握に必要なのは，「事実の情報」を収集して「理解」することです。無論，ヒアリングでは傾聴や表情，頷きなどの寄り添いの姿勢は必要ですが，これらは副次的なものです。

　この現状把握に必要な情報が，単純な内容であったり，1つの要素であったりする場合は，現状把握は非常に容易なのですが，複雑な状況や広範囲にわたる内容の場合は，正確に現状を理解することが難しくなります。

　例えば，製品を製造販売するメーカーの営業担当がクライアントを訪問して，自社製品の使い勝手などについてヒアリングを行う場合，営業担当は自社製品について熟知しているため，現状把握として必要なのはクライアントの使用状況程度で済みます。

　一方でコンサルタントが企業の経営改善に関する支援をする場合は，まったく知らない業種の企業が対象になるので，どこから何を仕入れて，自社で何を行って，どこに販売しているのか，その製品・サービスはどのようなものなのか，などをヒアリングで確認します。その他，経営・組織・会計・人事労務・営業・製造・店舗など，さまざまな職種の情報を詳細にキャッチアップする必要があります。

　その上で，どこが問題なのかを1つひとつ抽出しなければなりません。中途半端な情報だけで理解して改善策を提示すればミスリードする可能性が高まるからです。

　さらに，ヒアリングでは相手は事実だけを話してくれるとは限りません。事実について聞いても，相手の話す内容が事実以外の「考え」「思い」「感

想」「想像」「期待」などが含まれる場合が多くあります。そのためコンサルティングにおける現状把握の難易度は極めて高いといえます。

我々は日常生活で個人的に困ったことが起きたり，会社でも業務内でちょっとした不明点が発生したりするなど，さまざまな問題が発生しても，自ら解決することが多いと思います。

ただし，これは日常生活や自身の業務について，もともと多くの情報を持ち合わせており，発生した問題にも新たな情報が限られるため，現状把握に困ることがないからです。

しかし，先ほど示した事前知識のない企業の全体情報が必要となる場合，あるいは政治やマクロ経済といった広範囲でさまざまな要素が絡み合ってトータルで改善したり，成長させたりする必要がある場合は，現状把握が非常に困難で，一定の知識やスキルが必要になります。

このように日常における課題を解決する場合は，すでに多くの情報について把握している中で問題が発生するケースがほとんどであるため，現状把握の重要性が認知されていません。そのため突然難易度の高い課題にぶつかったとき，現状把握の必要性に対する意識が希薄であるため，現状把握を怠り，部分的な情報だけで答えを出してしまってうまく解決できないのです。

思考力を高め，より難易度の高い思考を発揮するためには，まずは必要な情報を収集して理解するという現状把握が重要であることは，わかってもらえたかと思います。

そして仕事では，新たな業務や製品を取り扱う場合，および必要な情報が複数で広範囲にわたる場合では，現状把握が不十分になり，その中で物事を決めてしまうことが非常に多く，それが，仕事がうまくできない大きな要因になっているのです。

そのため，課題を解決するためには，状況が簡単であろうが複雑であろ

うが，課題解決の最初のステップである「現状把握」が重要であることを肝に銘じてください。

　特に注意が必要なのが，「理解したつもり」になって，実際には理解できていないというケースが非常に多いということです。

　「理解したつもり」というのは，「言っていることが何となくわかる」という状態を「理解した」と勘違いすることで，このレベルでは理解の程度は不十分です。

　「理解した」というのは，具体的には理解度が次の状態に達している状態をいいます。

---

① 言葉の「意味」を理解した。
② 言葉や内容が「イメージ」できる。
③ 因果関係がある（論理的につながりがある）。
④ 自身で説明できる。

　1つ目の「言葉の『意味』を理解した」というのは，文字どおり用語の意味がわかった状態です。

　難易度の高い課題解決の場合は未経験であることも多くあります。そのため，ヒアリングで，聞いたことのない専門用語や理解が不十分な用語などが出ることは多々あります。相手に確認を取ったり調べたりしてしっかりと理解することが重要です。

　2つ目の「言葉や内容が『イメージ』できる」というのは，言葉や相手の話す内容の画像が頭でイメージできる状態です。

　相手が話す内容が専門的や複雑だとします。すると，話の内容が「文章（言葉）」としては理解できても，中身の理解が十分ではなく，その状況が頭にイメージできていなければ理解したというレベルには達していません。

【言葉のイメージ描写】

生産計画（月次）

	4月	5月	6月	7月	8月	…	年間合計
A製品	400	600	600	800	800	…	8,000
B製品	300	300	200	200	200	…	3,000
C製品	200	100	100	50	50	…	1,500
						…	

生産計画（日次）

		9時	10時	11時	12時	13時	14時	15時	…	日次合計
ライン①	A製品								…	30
	B製品								…	10
	C製品								…	5
	：								…	
ライン②	A製品								…	30
	B製品								…	10
	C製品								…	5
	：								…	

生産計画

　3つ目の「因果関係がある（論理的につながりがある）」というのは，内容に原因と結果が紐づいている状態になっているということです。例えば「AだからC」と説明を受けても，「なぜAだとCになるのか」という根拠（理由・原因）が明確な状態でなければ理解したことにはなりません。

　そこで，AとCの間にその根拠となるBが入り，「AはBだからC」「AならC，なぜならBだから」というように，「A→B→C」と内容が論理的につながって初めて理解したといえるのです。

　つまり「B」が，「C」という結果になる「根拠」になるのです。

　例えば「新社長は優秀だから売上・利益が大きく伸びた」という文章は，一見因果関係があるように聞こえますが，実際は優秀だからといって必ずしも売上や利益を大きく伸ばせるとは限りません。つまり「新社長が『何をして』売上・利益が大きく伸びたのか」という根拠が足りないのです。

この「根拠」というのは，課題解決思考の「原因究明」に当たります。しかし，根拠を明確にするという原因究明を怠るケースが非常に多いのです。怠る理由は「理解した」と思い込んでしまうことです。因果関係が直接つながらなくても理解したと思い込むことは，実際にとても多いので注意が必要です。

4つ目の「自身で説明できる」というのは，相手の話を自分の言葉で説明できる状態です。状況が複雑であると，自身で理解できたかどうか不明確になることがあります。

例えば，登場人物が複数いて，さまざまな事象が発生した状況で「誰が何をしたか」が入り混じっている場合や，状況が次々に変化するような場合では話についていけないことがあります。そういうときには，相手の話の内容を頭で整理して，自分の言葉で話して相手に確認を取ることで，咀嚼できているかどうかを判断するとよいでしょう。

以上の4点がすべてクリアされた状態が「理解した」状態です。

【理解の程度】

【理解したつもり】
言っていることが何となくわかる。
【理解した】
① 言葉の「意味」を理解した。 ② 言葉や内容が「イメージ」できる。 ③ 因果関係がある（論理的つながりがある）。 ④ 自身で説明できる。

これらを踏まえて，どのようにして「理解した」状態まで到達すればよいかを事例で見ていきましょう。

コンサルティングで金型加工会社の社長にヒアリングを行う際，強みについて質問したところ，社長が「私は図面を見ただけで金型をイメージできます」と答えました。この言葉の意味は容易に理解できるため，多くの

人が掘り下げずにここでヒアリングを止めてしまいますが，これで「理解した」と思い込んではいけません。まずは「金型加工の図面」や「金型」がどのようなものかを頭でイメージできなければ「理解したつもり」のレベルでしかありません。

　金型加工の「図面」とは，製品や構造物の図に，長さや角度などの数値が明記されたもののことです。そして「金型」とは，液体の素材を流し込んで形を作るための型枠のことです。小さいものではコップや皿など，大型のものでは自動車のボディーなども，金型に液体のプラスティック素材や金属を流し込んで，各々の製品を作ります。

　これら図面や金型がどのようなものかの「画」を頭でイメージできることが重要です。

　しかし，これらがイメージできたとしても，社長の言う「図面を見ただけで金型をイメージできる」という言葉が本当に理解できたとはいえません。なぜなら，図面というのは金型が完成した形が示されたものなので，その図面を見れば金型の完成形のイメージができるのは特別なことではないからです。ここでもまだ何が強みかを理解できているとは断定できていないのです。

　要するに因果関係が不十分で，「図面を見ただけで金型をイメージできることがなぜ強みになるのか」の根拠が不明確なのです。

　これは課題解決思考の「現状把握」というよりも，次の「強みの発見」「真の強み究明」のステップになりますが，「理解する」というのは「現状把握」にとどまらず，「問題点・強みの発見」「原因究明，真の強み究明」でも必要な要素なのです。

　そしてこうした因果関係が複雑で理解が困難な細かい状況では，「内容を理解した」という現状把握で満足してしまってヒアリングを止めてしまい，それ以降の問題点・強みの発見，原因究明や真の強み究明まで掘り下げをしないケースが多いです。

　要するに「問題点や強みを発見する」「原因を究明する」というアンテナが立っていないのです。

　実は経験豊富なコンサルタントでも，こうしたケースが非常に多いので注意が必要です。

　そこで，なぜそれが強みなのかを確認すると，社長は「金型の『工程』をイメージできる」と言い直しました。

　図面から金型を作成するためには，そこに至るまでの細かい工程（プロセス）が必要になり，金型が複雑になればなるほど完成に至るまでの難易度が高くなるということです。

　社長は非常に細かく複雑な形状をした金型であっても，その金型を作るための工程をすぐにイメージできるというのです。社長曰く，これは相当な熟練者でなければできないことで，他社でこのレベルで実施できる技術者は多くはいないとのことです。

　そうすると「微細で複雑な金型を，短期間かつ高品質に作成することができる」「短期間＝低コストで作成できる」という強みにつながっていきます。

　このように課題解決思考の「現状把握」では，このレベルに到達するまで情報交換をしたり調べたりして，不足した情報を補うことが求められるのです。

2-2 課題が解決できない要因は現状把握不足

　ビジネスの世界で難易度の高い課題の解決ができない場合の多くは，必要な情報の現状把握が不十分であることが原因です。例えば情報不足の認識が欠如した中で，議論したり，企画書や提案書を作成したり，クライアントに提案や指摘を行ったりするケースです。

　会社員や経営者，コンサルタントでも「結果を出せない」「課題を解決できない」「報告書や提案書などの成果物の品質が低い」と悩んでいる人は多いですが，悩みの原因は情報不足で，現状把握が不十分であることが根本原因であることを理解している人は少ないです。「現状を把握するのは当たり前」と思っている人は少なくないと思いますが，実際にはできていないことが非常に多いのです。

　仕事で課題を解決する際に，現状を把握せずに知識や経験だけで解決策を導き出しても物事は解決しません。「現場を知らずに机上だけで議論していても現場の問題は解決しない」ということです。

　現状把握が不十分の中で，ただ他社の成功事例をそのまま模倣するケースもよくあります。多くの場合，テレビや雑誌，ビジネス書などで見た著名な経営者の会社をそのまま真似をすることが多いです。

　しかし，模倣する企業は自社と異なる業種で，商品が異なり，ターゲット顧客やニーズも異なっており，会社の経営資源もまったく違います。そのような会社の経営手法を戦術レベルで模倣しても，自社の問題の原因を究明して改善しているわけではないので課題は解決しません。

　AIで解決策を探っても，AIは一般的な解決策しか提示してくれないので，相手の問題の真の原因を解決する最適な解答を導くことは困難です。

　その他，過去の成功例に固執して同じ施策を繰り返すのも，過去と現在

とでは経済状況や会社を取り巻く環境は大きく変化しているため，改めて新たな改善施策を講じなければうまくいかない場合があります。

　比較的規模の大きい会社では，組織体制やルールがしっかり構築されており，また決裁者が現場の状況を把握していない中で物事を決定することがあります。そのため現場で問題が発生しても柔軟な対応ができず，ルールどおり，上司の指示どおりに実施するしかなく，いくら現場ががんばっても課題が解決しない，となるわけです。

　特に日本の古い体質の企業は，上層部が現場をタイムリーに理解していないケースが多く見られます。そして現場を知らない上層部だけで会議を行い，決めごとをしてしまうのです。

　私も会社員時代にこうしたケースにたびたび遭遇し，ある日私は課長に「こんなことやっても何も変わらない，意味がない。そう事業部長に言えばいいだけです」と進言したことがありました。しかし，いくら言っても反応が薄いため，少しトーンを上げて主張したところ，課長に「事業部長の言ったことは法律だ！」と怒鳴られてしまいました。

　こうして現場を知らない上層部が，現状把握を行わずに決めごとをして，現場で無駄な作業が繰り返されるわけです。それによって無駄な雑務が増加し，上層部向けの提出資料が増えてしまい，本質的な業務に支障をきたしてしまうのです。

　こうした状況は，社長の鶴の一声ですべてが決定するワンマン経営の中小企業でもよく見受けられます。

　社長が現場や市場環境を熟知して決定事項が適切なものであればよいのですが，情報が不十分な中で，思いつきや思い込みで決定するケースが多いのも現状です。

　一方，IT関係のベンチャー企業などの若い経営者が短期間のうちに事

業規模を拡大させているケースをよく見ます。これらは社長が常に現場の状況を迅速に把握しているからできる技なのです。

　タイムリーな現状把握による即断即決で，市場環境や変化に即応して改革をしているからこそ，急成長しているのです。

　ただし前述のとおり，現場の現状把握を行わずに物事が決まっていく例は非常に多く，そのため古い体質の企業（国）は，世の中の変化に対応できず，現状維持を続けて競争力を失っているのです。

　このように，結果が出せない，課題を解決できない要因の多くは，情報が不足して現状把握が不十分であることが要因であるケースが多いのです。

【結果が出せない，課題を解決できない要因】

- 問題に対して自分の知識や経験からだけで解決策を提示する。
- 他社の成功事例をそのまま模倣する。
- 過去の成功例に固執して，同じ施策を繰り返す。
- 現場の状況にかかわらず，ルールどおり，規則どおりに動く。
- 現場の状況にかかわらず，上司の指示どおりに行動する。
- あるべき論（理想論）で提案する。
- 施策が小手先・部分的である。

すべて問題は「現状把握不足」にある！

2-3　課題解決思考の手順②　問題点・強みの発見

　次の手順は「問題点・強みの発見」になります。

　例えば，仕事面での問題点については，従業員では「営業成績が上がらない」「作業スピードが遅い」「会議などで発言できない」などがあります。経営者では「当社は営業力がない」「社員が自分で考えて行動しない」「現場の生産性が上がらない」などです。

　問題というのは立場によってさまざまありますが，要するに自身が抱える悩みなどマイナス面やネガティブな状況が起きたら，それを問題点と捉えればいいです。

　強みについては，従業員では「営業成績が好調」「作業を迅速に行える」など，経営者では「当社は営業が強い」「社員が皆前向きで積極的に提案してくれる」「現場の生産性が高い」というプラス面やポジティブな状況になります。

　プライベートでも同様に，問題点は「ダイエットが続かない」「高難易度の資格の取得を目指して勉強しているが合格できない」などになります。

　このように自身の日常生活や自身の業務に関わる問題点は，そもそも現状について把握できているため，特に課題解決思考の最初の手順である現状把握のステップを踏む必要はありません。「問題点の発見」が起点になるため，問題点・強みを発見するのは容易であるといえます。

　一方，コンサルティングでは，最初は相手企業についての情報を十分に理解できていないため，まずはヒアリングで現状把握を行い，その中で問題点があれば，それが「問題点の発見」になります。

　ヒアリング以外で問題点や強みを発見することもあります。例えば財務分析を行って収益状況や財務基盤の現状把握を行い，「営業利益がマイナ

ス」「原価率が高い」「借入過多」などが判明すれば，それが問題点の発見になります。

　また，クライアントを訪問してヒアリングを行う前段階の事前準備での現状把握では，ホームページがなかったり，ホームページはあってもその内容が不十分であったりすると，それが「問題点の発見」になります。

　逆にホームページが充実していたり，SNSでさまざまな情報を頻繁に発信していて，フォロワー数も多ければ，それらが強みになります。

　このようにコンサルティングでは，スタート時点で現状把握が不十分な状況であるため，現状把握を行いながら問題点や強みを抽出していきます。

　しかし，コンサルティングでのヒアリングで多いのが，問題点や強みの抽出が十分にできていないことです。この原因は，ヒアリングを行う本人に「問題点を発見する」というアンテナが立っておらず，マイナス面の話があってもスルーしてしまうことが多いからです。意識さえすれば問題点や強みをキャッチできます。

　ただし問題点や強みは，単に発見するだけでは不十分で，次のステップの「原因究明，真の強み究明」で掘り下げることが重要です。しかし，「営業成績が上がらない」などの表面的な問題点で情報収集をやめてしまって，この表面的な問題点で解決策を見出してしまうケースが非常に多いのが現状です。これについては次項で説明します。

2-4 課題解決思考の手順③ 原因究明，真の強み究明

続いて「原因究明，真の強み究明」です。これは，発見した問題点や強みを掘り下げて，問題の原因究明や真の強みを究明することです。

問題点や強みを掘り下げる方法は「なぜ？」と問いかけることです。これを「なぜなぜ分析」といいます。具体的には，問題点を掘り下げて原因を究明し，その原因を問題点としてさらに掘り下げて原因究明します。さらにそれを問題点として掘り下げて……というように，なぜなぜ分析では「なぜ？」を繰り返していくのです。

ここでポイントとなるのが「どこまで掘り下げるのか？」です。

問題解決系の書籍や研修で，このなぜなぜ分析の掘下げを「3回まで掘り下げる」「5回まで掘り下げる」といった，回数で区切っていることをよく見かけます。

しかしこれらの回数に根拠はなく，問題の内容によっても掘り下げる回数は変わるので，掘り下げる回数を決めつけるのは有効ではありません。

また，際限なく掘り下げて考えると，最終的に「上司が悪い」「社長が原因だ」というような結論に到達してしまいます。

例えば「営業成績が悪化」の原因を何度も繰り返すと，結局は「責任者の上司や社長が悪い」など，個人が原因という結論に達してしまいます。これでは単なる責任追及になって課題解決にはつながりません。

カウンセリングで近年注目を集めている「アドラー心理学」は，原因論ではなく，目的論的アプローチを推奨しています。原因論で掘り下げると，最終的に「過ちを犯した自分が悪い」という結論に至るからです。そのため，目的論はカウンセリングとしては有効な手段だと考えられます。

しかし課題解決では，原因を究明しなければ有効な改善策を導き出すことはできません。

【問題点の原因究明】

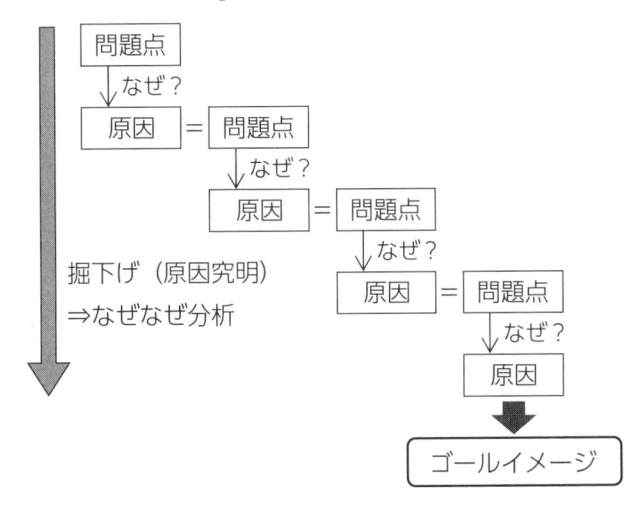

　ではどこまで掘り下げればいいかというと，「ゴールイメージが描ける
まで」です。

　問題点をなぜなぜ分析で掘り下げていき，改善策のゴールイメージが描
けたら，それが問題点の「真の原因」，あるいは「真の強み」になります。

　つまり，手順③の「原因究明，真の強み究明」は，なぜなぜ分析を使っ
て手順④の「ゴールイメージが描ける」まで掘り下げるということです。
そのためこの原因究明のステップと次のゴールイメージのステップは連動
しています。

　なお，ここでいうゴールイメージというのは，単なるゴールの状態のイ
メージではなく，「真の原因を改善したときのゴールイメージ」です。

　例えば「営業成績悪化」という問題点では，何が原因で悪化したのかが
わからないので，対策について具体的な改善イメージがわきません。それ
は真の原因が特定できていないからです。単に「営業成績が改善した」と
いうゴールイメージでは「何を実施したのか」のイメージではないので具

体的な改善イメージを描くことができないのです。

　そのため「営業成績悪化」という問題点では原因究明が不十分であり，真の原因を改善したときのゴールイメージが描けないのです。

　ただし，ゴールイメージは，詳細な改善策のイメージまで描写する必要はありません。そのためゴールイメージというのは「真の原因を改善する大まかなゴールイメージ」と捉えてください。改善策の詳細については，ゴールイメージの次のステップの「具体策構築」のところで念入りに吟味して構築すればよいのです。

　ここで原因究明をコンサルティングの事例を使って解説していきます。まずは原因究明の重要性について説明します。

　コンサルティングでは，相手企業の課題が解決するための最適な提案を行い，実行させる支援を行います。この「最適な提案」を行うために必要不可欠なのが，問題点の原因を究明することです。真の原因がわからなければ，企業の課題は解決しないからです。

　まずは会社の現状把握や問題点・強み抽出から説明していきます。その手段は大きくは①数値分析（定量分析），②内部環境分析（定性分析）の２点があります。

　数値分析（定量分析）は，PL／BSの財務分析や，顧客別・商品別売上推移などで，会社の収益状況や財務基盤の課題を明らかにするものです。そして内部環境分析（定性分析）では，ヒアリングなどによって数値面で悪化している箇所の要因を探っていきます。

　数値分析（定量分析）と内部環境分析（定性分析）は問題と原因の関係であり，PLやBSといった数値面の悪化の要因を会社内部から探ります。それをヒアリングで掘り下げて抽出していきます。つまりこれらPL／BSの数値上の問題は，内部環境の中からその原因を探り出して改善していくというわけです。

例えば，高コスト体質に陥って営業利益がマイナスになっているＡ社・Ｂ社・Ｃ社の製造業について，赤字の原因は，Ａ社は余剰人員で人件費が高騰していること，Ｂ社は交際費など社長の無駄遣いで膨大な経費がかかっていること，Ｃ社は安価な値付けによって数字上高コスト体質に見えていること，と判明しました。

つまり，「営業利益がマイナス」という「問題点」は各社同じなのですが，「原因」は会社によって異なっています。そのため，各々の原因を究明して改善しなければ，各社の問題である営業利益はプラスにはならないのです。

この例で「問題点は原因を究明し，真の原因を改善しなければ解決しない」ということがおわかりいただけたと思います。

続いてゴールイメージが描写できるまで掘り下げる，という点について，同じくコンサルティングの事例で説明します。

ある企業のコンサルティングのヒアリングの際，社長が「当社は営業力がない」と言い，それに対して「なぜ営業力がないのですか？」と理由を尋ねると，「新規開拓ができていない」「既存顧客がリピートしない」という答えが返ってきたとします。

つまり「営業力がない」という問題点の原因は１つではなく，複数存在しているわけです。

それぞれの原因について見てみると，掘り下げが不十分で各々のゴールイメージは描けません。そのため，さらに各々で原因を掘り下げていく必要があります。

具体的には，１つ目の「新規開拓ができていない」という原因を社長に尋ねてみると，「社長が営業担当に新規開拓をやれと言ってもやらない」という回答でした。しかしこれでは営業担当が新規開拓を行わない原因がわからず，ゴールイメージが描けないため，さらになぜ営業担当は新規開

拓をしないのか確認すると，実は営業といっても実際の営業担当の活動は，モノを納品するだけだったのです。日々の営業活動は，本来行うべき「営業活動」ではなく単なる「納品活動」であり，営業担当は日々の納品活動で終日多忙であることが判明しました。

そして日々訪問している顧客で面会しているのは製品を受け取る受付の人のみで，製品を選定している技術担当，つまり「本来の顧客」には一切面談していませんでした。そのため，顧客情報はまったく取れておらず，今後の提案もできていなかったのです。

したがって，新規開拓営業ができない真の原因は，「営業担当が納品活動で忙しくて新規開拓営業ができない」ということになります。

営業担当が納品活動で多忙であれば，納品は付加価値を生まない活動なので業者に任せる，そして営業担当は営業本来の活動を行う，というゴールイメージが描けます。

さらに，新規開拓を行わない原因がもう1つあり，それが「新規開拓営業の実施経験がなく，方法がわからない」ということであれば，新規開拓営業の方法を手順化してしくみを構築するというゴールイメージが描けます。手順の具体策は，次のステップである「具体策構築」で実施すればよいので，ここまで掘り下げることができればOKです。

2つ目の「既存顧客がリピートしない」という問題点の真の原因は，実際に製品を活用して製品選定を行っているキーマンとなる技術部門の担当者と面談しておらず，そのため情報収集や提案，信頼関係構築といった囲い込みができていないことがわかりました。

情報収集（現状把握）ができておらず使用状況が把握できていないため，もし改善点の要望があっても対応できていません。顧客は不満を持ったまま使用し続けることになり，次に選定する際には候補に上がらず，競合他社の製品に切り替えてしまっているかもしれません。

　また，面談しておらず信頼関係も築けていないため，選定のときにわざわざ顧客から連絡をしてくれることもありません。

　「既存顧客に定期面談できていない」という真の原因のゴールイメージは，キーマンと定期的に面談したり接触したりして，情報収集と信頼関係構築を行うことです。具体策については，定期訪問のほか，ネットや紙媒体での案内といった定期的なアプローチをするなどによって技術部門と接触し，情報を収集しながら信頼関係を構築します。

　また製品を使用するにあたっての改善点や新たな要望などを収集して対応することで，既存顧客の満足度を向上させることですが，これらは具体策のところで構築すればよいです。

　このように，「原因究明，真の強み究明」のステップは，真の原因を究明するためにゴールイメージが描けるまで掘り下げることがポイントです。

　なお，問題を発見した際の原因究明のためには「なぜ？」と問いかけますが，それ以外に，相手の情報に対してさらに詳細な情報が必要であったり，内容を確認したりする場合には，「具体的には？」「例えば？」と問いかけるとよいでしょう。

　この3つのバリエーションだけで，ヒアリングで詳細な掘り下げができるようになります。

【質問の問いかけ方法】

理　由	質問の問いかけ
原因究明	●なぜ？
情報の詳細確認	●具体的には？ ●例えば？

課題が解決できない要因は原因究明不足

　ビジネスの世界では，現状把握を行って問題点や強みを発見したときでも，原因究明や真の強みを究明せずに解決策を提案するケースが非常に多くあります。経営改善や業務改善のコンサルティングで「分析」といえば，主に「課題（問題点・強み）抽出」と「原因究明」を行うケースが多いですが，ビジネスやコンサルティングの世界でも原因究明を行わずに自身の知識だけで提案をしてしまうケースが少なくないのが現状です。

　私はこれを「当てはめ思考」と呼んでいます。詳細は第3章で説明しますが，世の中はこの「当てはめ思考」が蔓延しており，特に「企業の医者」といわれるコンサルティング業界にとって大きな問題だと考えています。

　なぜ「原因究明を行わない当てはめ思考」が大きな問題といえるのか。医者の事例とあわせて説明します。

　皆さんが腹痛で下痢気味になって，医者に診てもらったとします。そのときに，もし医者が何も検査をせずに，「腹痛で下痢であれば，腹痛の薬を出す」という理屈だけで腹痛の薬を出したとします。

　しかし，腹痛の原因は胃潰瘍で手術が必要な状況であり，薬で腹痛は一時的には和らぐかもしれませんが，根本原因の胃潰瘍は治りませんし，放置することでさらに悪化するでしょう。そもそも検査をせずに腹痛薬を出すという行為は大問題です。

　これをコンサルティングの事例で考えてみましょう。

　社長がコンサルタントに「最近営業成績が悪化している」と相談を持ち掛けたとします。コンサルタントが「それでは営業を強化するために『営

業教育』を実施しましょう。我々の営業教育の半年間で完成する教材を実施すれば解決します。料金は半年で500万円です」と伝えたところ，社長はその言葉を信じて承諾し，契約を締結しました。

これでコンサルタントは自社の営業教育パッケージの導入に成功したのです。

しかし，営業成績悪化の要因は，営業担当が新製品の説明ができないので，その売上が思うように伸びていないことでした。営業にとって新製品の仕様は非常に難解で，一定の技術的知識がなければ説明することが難しかったのです。

営業成績悪化の解決策の方向性としては，すべての営業担当が新製品についてきっちりと説明できるようにすればよいのです。そのために，新製品の説明と強み，そして，それによる顧客のメリットを明記した1枚の営業ツールを作成するだけでよかったのです。

1枚の営業ツールを作ればよいだけなので，せいぜい5万円から10万円程度で済むような内容であったため，わざわざ500万円も支払って営業教育をする必要はありませんでした。しかも膨大な出費をしても，この問題は解決しないのです。

この営業の事例を先ほどの医者に当てはめると，医者が検査をせずに「特別なお薬があり，500万円しますが，これであなたの腹痛は完治します」と言っているようなものです。

整理すると，「営業成績悪化」というのは「問題点」であり，その原因は「営業担当が新製品の説明ができない」ということです。

「営業成績悪化」という問題点はよくある話で，他社でも同じような状況は数多く見受けられます。一方，その原因である「営業担当が新製品の説明ができない」というのは，その会社特有のものであり，他の企業と状況は異なります。

要するに，前章でも説明しましたが「問題点」というのは，どの会社も

あまり変わりません。しかし，その「原因」は各々の企業で皆異なっていて，各企業特有の原因を究明して改善しなければ問題は解決しないのです。

　医者でいうと，腹痛で下痢気味という症状は，胃潰瘍かもしれないし，十二指腸潰瘍かもしれません。ひょっとしたら癌であるかもしれません。それぞれに原因があって，その原因を究明して治療を行わなければ完治しません。

　このように，問題の原因を究明せずに，問題がわかった時点で，自らの都合に合わせた改善策を提案するという手法では，課題解決にはつながらないのが理解できたと思います。

　コンサルティング業界にとって大きな問題として危惧しているのが，医者で例えると大問題になるようなことが，コンサルティングの現場では当たり前に行われていることです。

　クライアント側の立場から見ると，クライアントである社長は，コンサルタントを「企業の医者」だと思って頼ってきます。しかし，実際に医者のレベルでコンサルティングを行っている人は少なく，分析（検査）もせずに自身のパッケージを売り込む営業担当と変わらないような会社もあるのです。「医者」だと思ったら「ヤブ医者」か「営業担当」だった，というわけです。そのためコンサルタントという肩書は，相手を信用させて自社のパッケージを売り込みやすくするために活用されているともとれるのです。

　このようにクライアントは，最初にコンサルティング会社の無料相談サービスなどを受け，最終的にはパッケージの導入に誘導されているケースがあるのです。

医者の例	コンサルタントの例

●当てはめ思考

お腹が痛くて下痢気味で…

それでは腹痛用の薬を出しましょう

患者　　　　　　　　　　医者

「腹痛＋下痢＝腹痛用の薬」
という当てはめ思考

●課題解決思考

お腹が痛くて下痢気味で…

それでは一度検査しましょう

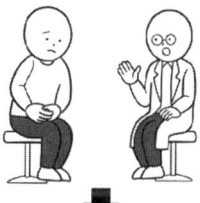

検査

腹痛の原因は胃潰瘍ですね。
手術が必要ですが、1日で退院できますよ

●当てはめ思考

最近営業成績が悪化していて…

それでは営業教育をしましょう。6か月で500万円です。

社長　　　　　　　　コンサルタント

「営業成績悪化＝営業教育」
という当てはめ思考

●課題解決思考

最近営業成績が悪化していて…

それはなぜですか？

分析

営業成績悪化の原因は，営業マンが
新製品の説明ができていないことですね
営業ツールを作って読むだけで新製品の
説明ができるようにしましょう

　コンサルティングは医療と同様に専門性の高い職業ですが，なぜこういったことが起きるかというと，それにはコンサルティングという職業の曖昧さにあると私は考えています。

　例えば，コンサルティングというのは内容がブラックボックスで，何が正しい手法なのか，どの程度の効果があるのかが曖昧です。何が正しい手法かが不明確であれば，当然クライアントとしては，受けたコンサルティングが適切かどうかの判断ができません。

　成果が出なければ正しくないと考えられますが，成果が不十分だったとしても，コンサルタントから「やり方に問題がある」「十分に行動できていない」と言われてしまったら反論できません。

　また，コンサルタントの力量がどの程度なのかがわかりにくいことも要因です。

　クライアントとしては，実際にコンサルティングのスキルが低くても，トークが上手であれば賢く見えます。また大手で知名度のあるコンサルティング会社であれば，所属するコンサルタントも高いスキルを持っていると安易に考えてしまいます。

　「コンサルタント＝頭が良い＝正しい」「大手＝正しい」という思い込みが，コンサルティングをブラックボックスにする要因の1つにもなっていると思われます。

　その他，コンサルティングの効果が希薄だとしても，それでは誰にお願いしたほうがいいのか，クライアントは知る由もありません。

　そもそもの原因は，多くのコンサルタントが，現状把握から問題発見，そして原因究明まで実施できていないということなのです。

　コンサルティングでは，物事を調査して分析する，つまり問題点を発見して原因を究明すること，および，強みを発見して真の強みを究明することが重要です。

　しかしながら，現場支援のコンサルティングでは，前述のとおり，問題

点がわかれば，原因究明をせず，すぐに提案をするケースが多いのです。

　実際に事業再生コンサルティングやM&Aで実施される事業デューデリジェンス（ビジネスデューデリジェンス）の成果物である事業調査報告書でも，十分に分析が行われていることは少ないです。単に「情報整理」されたもので終わっているものが非常に多いのです。

　コンサルティング業界の大きな問題というのは，こうした背景によるのです。

　課題の解決は，手順に沿って考え，具体策なアイデアを出せば解決するものであり，非常にシンプルです。コンサルタントでなくても，多くの専門用語を知らなくても大丈夫です。またフレームワークなどの手法を活用しなくても，「問題点の原因を究明して改善すれば解決する」ということを，より多くの人に知ってもらいたいです。

　コンサルティングを受ける側のクライアントとしては，こうした被害にあわないためにも，コンサルタントの提案する内容について1つひとつ丁寧に説明を受けることが重要です。具体的な手法をプロセス単位であぶり出して，納得できるまで説明を受けて内容を吟味します。本当に効果が得られるのかを自ら判断するのです。

　もし，コンサルタントの施策に曖昧な点や不合理な点があれば，なぜそれで改善できるのかをしっかりと確認することをすすめます。

　その他，原因究明をせずにものごとを決定する事例は，政治でもよく見られます。

　政治の重要な役割の1つとして「景気を良くして国民の生活を豊かにする」ことが挙げられます。これには単に公共事業を増やすという財政政策ではなく，景気に関連するさまざまな要素に関する問題の原因を究明する必要があります。さらに **6-3** で説明する「構想力」を発揮することが求

初級編

められます。

　具体的に説明しましょう。

　不景気の原因はさまざまあります。例えば「国民の将来不安の蔓延」「個人資産の市場への未還流」「若者，中小企業の低賃金」「新時代の人材育成に適合しない教育体制」などであれば，各々の問題の真の原因を究明し，改善する施策を次々と打ち出してトータルで実施しなければ，総合的なゴールである「景気回復」「国民の生活改善」は実現しません。

　しかしそうはせず，政治家は，マスコミに大々的に取り上げられたことを「ばら撒き」で対応したり，政党の支援母体の圧力や関係省庁の都合で政策を決定することを繰り返しているだけではないでしょうか。

　日本の失われた30年というのは，こうした抜本改革を行わずに小手先の施策を繰り返してきたことが要因ではないかと強く感じます。

2-6 原因究明で「洞察力」を習得する

手順③の原因究明を行い，問題点の真の原因を究明することによって「洞察力」を身につけることができます。

洞察力とは「見えないものを見る力」のことであり，ここでは２つのパターンを取り上げます。

１つ目は「将来を見通す力」です。これはベンチャー企業を目指す社長に必要なスキルといえます。具体的には，現在の市場にはない，誰も実施していない分野をドメイン（事業領域）として会社を創業し，新たな市場を創り出すことです。

新興企業や，企業が新事業を立ち上げるのを見ていると，これには大きく３通りのアプローチがあるといえます。

それは，①新たな技術で新市場を創り出す方法，②業界全体の課題を見出して，解決するための会社を立ち上げる方法，③これまでの事業や商品に何かを組み合わせて新たな価値を創出する方法です。

①については世界のベンチャーキャピタルが注目するような高度な技術開発が必要になりますが，②と③については，課題解決思考や第７章で紹介する推論法で，課題を抽出したり新たな価値を見出したりすることができます。

そして洞察力の２つ目が「問題点の真の原因を掘り下げる力」です。これは課題解決思考で問題点の真の原因を究明することで実現できます。

なぜこれが洞察力になるかというと，多くの人が問題点の原因究明を行っていないため，真の原因と改善のイメージの状況が描けていないからです。

つまり，原因究明によって突き止めた真の原因の状況と，真の原因を解

決したゴールイメージは，原因究明しない人には描けておらず，真の原因はなぜなぜ分析で掘り下げた人だけが描けるからです。

　そのため真の原因まで掘り下げられていない課題解決の施策は，まったく意味がないのです。

　例えば，前項のコンサルティングの例で「営業成績悪化」という問題点に対して即座に「営業教育」と提案するコンサルタントには，真の原因である「営業担当が新製品の説明ができない」という状況を描くことはできません。そして，「営業ツールを作成する」という真の原因を改善する施策も描くことはできません。

　このように，原因究明を行うことで，他者には見えていない状況を描くことができる洞察力が発揮できるのです。

　こうした状況は日常のビジネスの中でも，原因究明ができている人とできていない人との間で問題になることがあります。

　例えば，会議の中でクライアントの「営業成績悪化」という問題の対策について議論していたとします。しかし誰もその原因を究明しようとせず，営業成績を改善するアイデアレベルのブレインストーミングのような議論を始めたとします。

　もし会議の中で，真の原因である「営業担当が新製品の説明ができない」という情報が全員に共有できていれば「誰でも新製品の特徴が説明できるツールを作成する」という方向性を描くことができます。「読むだけで，新製品の強み，顧客のベネフィットが伝わる営業ツールをどのように作成すればよいか」という議論に集中することができます。

　この営業ツールのコンテンツの内容で，クライアントは注文するかどうか，引き合いになるかどうかが決まるため，この課題を解決するための本質的な議論が本題です。なので，営業改善のアイデアレベルのブレインストーミングを行う必要はまったくありません。

　しかし，営業改善のアイデアレベルのブレインストーミングを行う側と，真の原因を究明して営業ツールのコンテンツを吟味する側とで対立が生じます。そして，議論が停滞して本質的議論ができなくなってしまうのです。

　私は会社員時代の会議の場，そしてコンサルタント同士の議論でも，このような場面に幾度となく遭遇しました。打ち合わせにおいて，私ひとりが真の原因とそれを改善するゴールイメージが描けている中で，議論がズレたところで進行するという状況です。

　こうしたケースで私が状況を説明して本質的な改善策を提案して，理解が得られることはありましたが，権限や発言力を持った人間が聞く耳を持たない場合は周囲も彼に追従するため，軌道修正が難しくなります。そしてこちらが折れないと「頑固だねぇ」と呆れられてしまい，結局は私が根気負けのような状態になってしまうことが度々ありました。

　こうした状況で，1人だけが真の原因を究明できていて「営業ツールの作成」を主張しても，他の出席者が真の原因を認知していなければ賛同は得られません。

　課題解決思考はこのように，個人で思考する場合だけでなく，時には会議や打ち合わせの中での議論などで，周囲を巻き込んで実施することが必要になります。

　なお，この事例と同様に，マーケティング市場では現在，コンテンツの重要性が軽視されています。

　例えば，ホームページ，パンフレット，チラシなどの目的は，集客や問い合わせ，引合いなどを増やすために作成するものです。そして集客や問い合わせなどを増やすために重要なのが「コンテンツ（中身）」であり，コンテンツの良し悪しで集客力や問い合わせ率は大きく変わります。そのため，「いかに自社の差別化，価値が伝わる訴求力のあるコンテンツを作るか」という「コンテンツ・マーケティング」が非常に重要なのです。

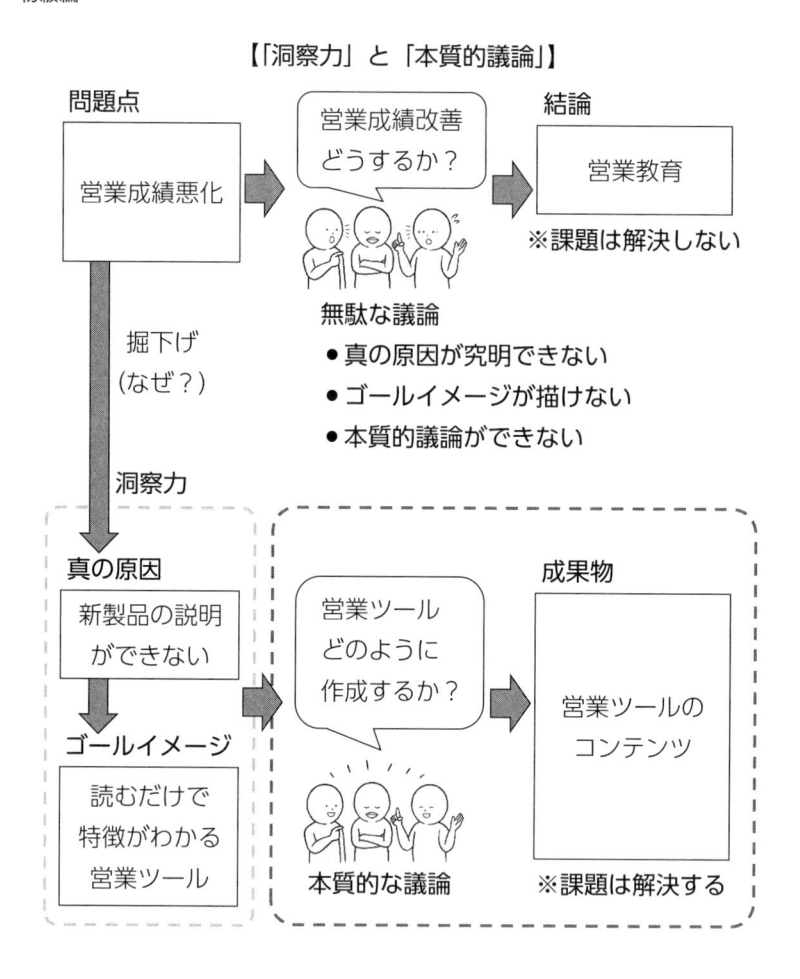

【「洞察力」と「本質的議論」】

　しかし，企業が実際にコストをかけてコンサルティング会社に依頼する
のは「手法」です。そしてリアルでもネットでも，それらの手法は数十万
円だろうが数百万円だろうが，どの会社に依頼しても大差はありません。
数百万円で受注できるのは，その会社が「知名度」が高いか「高単価で受
注するノウハウ」があるだけなので，たとえ数百万円というコストをかけ
たところで，コンテンツが乏しければ，集客や問い合わせを増やすことは
難しいのです。

48

2-7 「真の強み」の発見方法

強みについても，「営業力がある」「品質が高い」などの表面的なものではまだ不十分です。「なぜ営業力があるのか」「なぜ品質が高いのか」まで掘り下げていき，差別化できる「真の強み」を把握することが重要です。

ただし，コンサルティングでさまざまな経営者からヒアリングを行うと，自社や自社製品の強みを把握していない場合が多いです。社長に自社の強みについて質問しても，多くの方が「強みはない」と答えられます。

実は，問題点を発見するより強みを発見するほうが難易度は高いといえるでしょう。なぜなら，自社の強みを当然のことと認識していたり，競合他社の製品の仕様や技術などの「機能面」での差別化が難しくなっていたりするからです。

しかし，社長が「強みはない」と感じている会社でも，細かく見ていくと必ず強みは存在します。社長が強みはないと感じるのは，自社や自社製品について俯瞰して見ることができていない，あるいは，優秀な同業者と比較してそれらの会社を上回っていなければ強みとはいえないと思い込んでいるからです。

自社の強みを発見する際は，同業者より優れていなくても大丈夫です。いくら同業者のほうが優秀であったとしても，顧客はそれを認識しているとは限らないからです。

実際に中小企業の場合，自社の価値をしっかりと顧客に発信できていて，その価値が市場に浸透しているという会社は稀です。同業者がより優れたものを持っていたとしても，自社が自信を持っている要素があれば，十分に強みになり，市場で戦えます。

強みの条件というのは大きく2つあり，①自社がこだわりや自信を持っていること，②顧客のニーズにマッチしていることです。これら2つの条

件をクリアしていれば，たとえ同業者より多少劣っていたとしても，自信を持って強みとして発信していけばよいのです。

　なお，強みがわかりにくい場合は，その会社の商品やサービスの工程を細かく分解して，各プロセスで詳細に確認することが有効です。

　例えば，製造業の強みを抽出する場合は，製造工程を分解し，各工程でどのような強みがあるのかを探るのです。

　具体的には，受注生産の部品加工業であれば，①設計，②抜き加工，③曲げ加工，④溶接加工，⑤塗装，⑥組立，などになります。これらの各工程で優れた技術などについて抽出していけば，真の強みへの到達が容易になります。

　また，サービス業では，顧客との接点を分解して，それぞれの接点で強みを探っていきます。例えば，①申込時，②来店時，③待ち時間，④サービス開始前の事前対応，⑤サービス提供時，⑥サービス提供後，⑦帰り際，⑧サービス外のアプローチなどで，製造業と同様に，各工程で強みを見出していけば，真の強みを抽出しやすくなります。

　こうして各企業の主要業務を分解することで，より詳細な強みを発見することができるようになるのです。

　ちなみに近年では，機能を絞って磨き上げたり，形状や色合いといったデザインや世界観などの「情緒面」で差別化したりして，それらを価値としてブランド力を向上させている会社が多く存在します。

　他社と機能面で同等レベル，あるいは多少劣っていても，情緒面で差別化している会社は非常に多いです。なので，機能面と情緒面の双方で強みを探ることが大切です。

　次に示す図は，「真の強み究明」の方法についてコンサルティングを事例にして整理したものなので，確認してみてください。

　真の強みを見出すためには，会社の主要事業を分解して探っていくこと，機能面だけでなく情緒面も含めて見出すこと，そして真の強みまで掘り下

【「真の強み究明」の事例】

初級編

真の強みではない
（掘下げ不足）

● 営業力がある

↓ なぜ？

● 営業マンが多いから

↓ なぜ？

● 地域専属の営業マンがいるから

↓ なぜ？

● 個別の要望にきめ細かく対応できるから

↓ 具体的には？

● 個別対応で顧客は要望が満たされ満足度向上

↓ それにより

● 顧客はリピーターになる

↓ さらに

● 口コミで新規顧客が獲得できる

↓ つまり

真の強み
地域専属の営業マンによる，個々の顧客の要望に応じた
きめ細かい対応力

げることが重要です。

マーケティングでは，このように「自社の強み」を究明することが大切です。しかし，その他「顧客のニーズ」を把握することも極めて重要であり，そのためには「顧客インサイト」を究明することで，より有効なマーケティング活動を行うことができます。この顧客インサイトを推論する方法は， の仮説的推論のところで説明します。

2-8　課題解決思考の手順④　ゴールイメージ描写

　課題解決思考の４つ目の手順は「ゴールイメージ描写」です。

　前述しましたが，ゴールイメージは，原因究明せずに単なる問題点が改善したゴールの状態のイメージではなく，「真の原因を改善する大まかなゴールイメージ」です。

　例えば，医者の例では「お腹が痛い」という患者に対して，単に「お腹の痛みが完治する」という状態のゴールではありません。

　理由は「なぜお腹が痛いのか」という真の原因ではないからです。その患者が検査の結果，胃潰瘍であることが判明した場合，腹痛の真の原因である胃潰瘍が完治したという解決イメージが必要になります。

　この「ゴールイメージ描写」というのは，頭の中で改善策のゴールイメージを映像化するということで，想像力が必要になります。ただ，前のステップにおける「原因究明」で真の原因まで掘り下げることができれば，ゴールイメージは自然と描けるはずです。

　課題を解決するためには，必ずゴールイメージが描けていなければいけません。なぜなら，目指すべきゴールに到達することが目標，あるいは目的になるからです。

　我々はゴールと，目標・目的を別々に組み立ててしまいがちですが，思考は情報をつなげることが大切です。

　次頁の図の左側の図のとおり，ゴールが情報として頭に描けているから，方向性を間違えることなく，無駄な作業をせずに，ゴールに向かって効率的かつ効果的に作業ができるのです。

　もし，右側の図のようにゴールが描けていなければ，どの方向に向かっていけばよいのかがわからず，目の前の作業だけに集中したり，異なった方向に向かって必要のない無駄な作業に取り組んだりすることにつながっ

【ゴールイメージの描写】

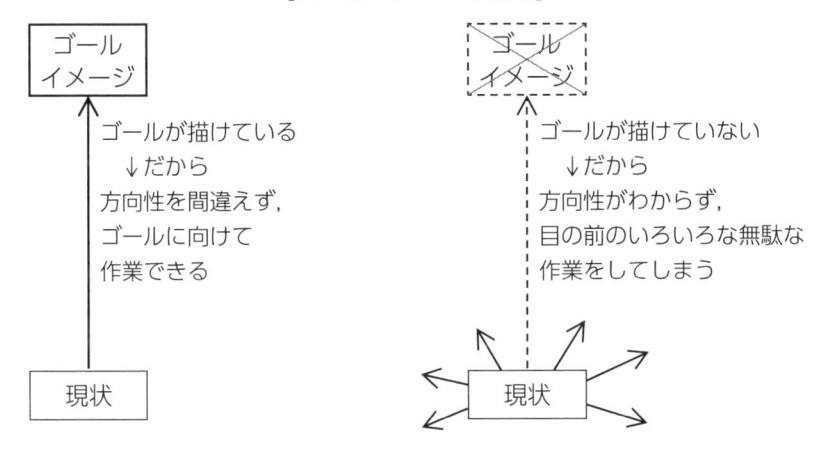

てしまいます。

　そのため「ゴールイメージを描く」というのは，ビジネスパーソンにとって必須のスキルといえます。

　例えば，ベテランは，必ず完成形のイメージが描けています。熟練者やその道のプロフェッショナルであれば，そのプロセスまで描けているのです。ゴールが描けているから，方向性を間違うことがなく，効率的に高品質の成果物を完成させることができるのです。

　一方で新人や初心者，素人は，経験値が浅いためゴールが描けません。そのため目の前の仕事や自分ができる仕事だけに取り組むようになります。

　しかし，ゴールが描けていないので，その仕事が本当に正しいのかどうかの判断がつきません。まったく異なる方向に向かって仕事をしている可能性もあるのです。

　そのため，新人社員や未経験者に対しては，まずは上司やベテラン社員がしっかりとゴールを示すことが大事です。その上でゴールに到達するまでのプロセスを示すのです。

　これは企業経営でも同じことがいえます。

　社長がビジョンを示さなければ，社員はどの方向に向かっていけばよいのかがわからず，目の前の作業に没頭するだけになります。

　一方で社長が明確なビジョンを掲げれば，社員は自身の方向性が描けるため，組織全体のベクトルを合わせることが可能となります。よって社員が目指すべき方向に向けて各々がいろいろと考えるようになる土台ができるのです。

　これら以外にも，ゴールイメージの描写はさまざまな場面で有効です。

　例えば，相手に伝わりやすい文章を書くコツの1つは，いかに文章の内容を読み手がイメージできるかを考えることです。そのためには，まずは出来事の背景（事実）を明確にして，書き手の状況を正確に描写します。

　具体的には，誰と誰が，いつ，どこで，何をしているのか，といった事柄です。これにより，読み手は書き手と同じ状況をイメージすることができ，情報を共有することができます。

　さらに，そのときどのような感情を持ったのかを明記することで，「状況」だけでなく，そのときの「感情」も共有することができるため，読み手に共感を与える文章が書けるようになります。

　また，アパレルショップで優秀な店員が行う接客は，買うか迷っている顧客に対し，その服をどこに着ていきたいか尋ね，顧客がその服を着ているイメージを描かせるようにします。人は頭に描けると行動しやすくなる性質があるため，その服を買おうか迷っている顧客は，店員が尋ねるとおりに，その服を着て散歩したり，デートしたり，ショッピングしたりする場面を頭に描き，購買欲求を高め，購買行動に移すのです。

　その他，チラシや広告でも，文章だけのものよりも，写真やイラスト，図表でゴールイメージを掲載したほうが反応率は高まります。

　また，議論が白熱すると話が枝葉に展開するときがあると思います。い

つの間にか本質から外れた細かいところに争点が移ってゴールを見失い，何の話をしているのかわからなくなる場合のことです。こうした場合でもしっかりとゴールイメージが描けていれば，たとえ議論がズレてしまってもすぐに元の議論に引き戻すことができます。

　また，ゴールイメージを描けていないと見極めができず，本質からズレたところで思考したり議論したりして，時間と労力を無駄に使うことにもつながります。

　なお，人は物事の全体像を把握するのに主に右脳を使い，細部をじっくり見るのには主に左脳を使います。つまり，右脳で全体像をつかみ，左脳でディテールを確認して納得感を得ることで，人は行動しやすくなると考えられます。

　写真やイラストを見て右脳で全体像や漠然としたゴールイメージを描き，さらに文章を読んでゴールイメージの詳細に関する説明を理解します。そのため，よりゴールのイメージが明確になり，納得感が増して，行動しやすくなるのです。

　このように，思考だけでなく，文章や紙媒体，口頭でのやりとりでも，理解を促進させるためには，まずはイメージで全体像を描かせることが重要になります。

2-9　課題解決思考の手順⑤　具体策構築

　課題解決思考の最後のステップは「具体策構築」です。

　この手順は，前のステップの「ゴールイメージ」を実現するための具体的な施策になります。

　前述のとおり，課題解決とは「目標と現状とのギャップを捉えて，ギャップを埋めることで目標を達成する」ことです。最初のステップで「現状」を把握をして，前のステップで「ゴールイメージ」を描いたので，具体策はこの2つのギャップを埋めるための施策になります。

　具体策を構築するためには，さまざまな実践スキルやアイデアが必要になる場合が多いです。自身で提案内容を構築するのに加え，グループで実施したり，コンサルティングではクライアントの社長だけでなく，社員を巻き込んで吟味したりすることも1つの方法になります。

　この具体策は，前述の事例で示した「営業成績悪化を改善するために，営業担当が読むだけで新製品の特徴がすべて説明できる営業ツールを作成する」というような単一の課題であれば，比較的，容易に解決策に取り組むことができます。

　ただし，「経営改善」といった大きなテーマになると，経営や組織，営業や製造など，複数の機能が課題解決の対象になります。各機能でさまざまな課題が発生するため，解決すべき課題は多くなり，さらに問題と原因の関係もより複雑になります。

　例えば，営業に関する問題が発生していても，原因が営業に起因するとは限りません。組織体制や経営・人事などが影響している場合も多くあります。営業成績が悪化した要因が「優秀な営業担当が管理職に昇格して現場の営業を行わなくなった」という人事面の原因や，「新規事業に注力するという経営戦略で既存事業の営業担当が減った」という経営面が原因の

【具体策の構築】

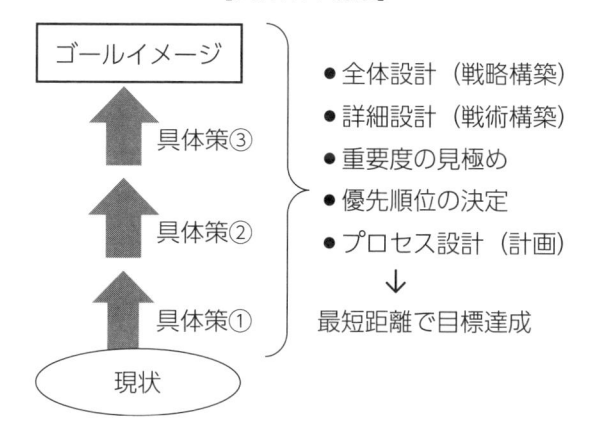

可能性もあるのです。

　このような複雑な状況での課題解決は，問題点ではなく，原因で分類して解決策を構築することです。

　例えば営業面の問題点の原因が製造面にあれば，製造面の問題として解決する施策を構築します。そして製造面の問題点が改善されれば，その製造面の上位に当たる営業面の問題点も自動的に改善されるというわけです。

　また，経営改善などの広範囲での課題解決では，現状把握や問題点抽出，原因究明が不十分になって施策が場当たり的になることが多いです。その結果，施策が的外れになったり中途半端に終わったりして結局課題が解決されないというケースが非常に多くなります。

　そうならないためには，行動の前に施策を設計し，戦略的・計画的に取り組むことが大切です。

　まずは営業・製造など各々の機能について，1つひとつの問題点の原因を改善する戦術を打ち出していきます。

　具体的な戦術まで構築したら，各施策の重要度と実行可能性を見極めて優先順位を決め，実際のアクションプランを構築します。すると，構築した施策を戦略的，計画的に行動に移すことができます。

　金型加工業の例で考えてみましょう。

　極めて高い技術力を持ち，他社には真似ができない複雑かつ微細な加工が可能な会社があったとします。

　しかし，営業担当は原価に一定の利益率を上乗せして見積りを作成していますが，試算表での営業利益はマイナスになっています。

　この「利益がマイナス」という営業面の問題点を掘り下げていくと，値付けを行う際に，製造現場から提示される原価算出の精度が低く，見積りで使っていた原価は実態よりかなり低いことが判明しました。

　製造業の原価というのは，材料費以外に，労務費・外注費・経費が含まれます。これらを原価に加えていなかったり，不十分であったりするケースが非常に多く見受けられます。労務費や経費が見積時の原価に十分に反映されていなかったのです。

　つまり「利益がマイナス」という営業面の問題点の原因は，製造面の「原価算出の精度が低い」ということであり，原価算出の精度を向上させることができれば，利益がマイナスという営業面の問題の解決も望めます。

　また，営業活動を実施していないため，新規顧客からの注文が少なく，たまに既存顧客からの紹介がある程度です。ただし新規顧客は高い確率で，その後リピートしています。

　このような会社の改善策としては，「原価管理を実施して正しい原価で値付けを行い，適正価格で利益率を高めて受注すること」が利益に直結する施策になります。そのため，重要度の高い施策になり，優先順位も高くなります。

　そこで，まずは既存の顧客からの注文で値付けを改善し，売上と利益を向上させます。

　ただし，「見積金額が高くて受注できない」という問題が新たに発生する可能性があります。その際には，「自社の強みを再度アピールして交渉する」「案件に合わせて利益率を変動させる」など営業面の施策が必要に

なると考えられます。

　続いての施策は，新規開拓営業になりますが，いきなり新規顧客開拓営業を実施するのは難易度が高く，ノウハウもないので，まずは既存顧客向けに紹介営業を実施します。

　新規開拓営業は，自社の収益向上の施策のため重要度は高いです。しかし，実績を作るまでに時間がかかるため優先順位は中程度で，しくみを作って取り組んでいくことが望ましいといえます。

　具体策と優先順位が決まれば，最後に「アクションプラン」を作成します。アクションプランは，各々の施策について，誰が責任者で誰が実施するのか，いつからいつまで実施するのかをガントチャートで作成して見える化するのです。

　これで，課題の解決策を計画的に行動に移すことができるようになり，管理もしやすくなります。

　このように，1つひとつ丁寧に課題解決思考を実施していけば，効果の高い解決策を導き出すことができ，短期間で解決策を成果に結びつけることができるようになります。

　なお，この事例のように，企業の課題解決は1つではないため，複合的に取り組む必要があります。また，これら複数の課題解決に組織的に取り組むにはしくみを構築する必要があります。

　こうしたさまざまな課題を総合的かつ組織的に解決するためには「構想力」と「しくみ化」が必要となり，これらは第8章で説明します。

初級編

I 初級編／第3章

思考の問題と三大不適格思考

課題解決思考を阻害する三大不適格思考

三大不適格思考とは，課題解決思考の手順どおりに思考することを妨げてしまう思考法のことで，次の3つになります。

［三大不適格思考］

① 当てはめ思考

② 指摘思考

③ あるべき論思考

1つ目は「当てはめ思考」で，多くの人が無意識に実施してしまい，かつ誰も気づいていない場合が多いので注意が必要です。

当てはめ思考とは，現状把握等が不十分な中で，自身の知識をそのまま当てはめることです。

課題を解決するためには，本来であれば相手の真の原因を解決する最適な提案をしなければなりません。しかし，何か問題点を発見したらすぐに自身の知識の中だけで答えを出してしまい，その答えが真の原因を改善する答えではないため，課題は解決しません。

当てはめ思考は，課題解決思考の最大の阻害要因といえます。なぜなら，経験を積み，知識を身につけるほど陥りやすいからです。

5-1 で説明する「実践スキル」が豊富にあれば仮説力も高まるので，当てはめ思考でも効果的な場合はあります。しかしながら，さまざまな知識を習得すると課題解決思考のプロセスである現状把握や原因究明がおざなりになり，自身の知識をそのまま当てはめて決めつけてしまう危険性もあるのです。

2つ目は「指摘思考」です。

指摘思考とは，問題点の原因を究明せず，問題やミスなどが見つかるとすぐに指摘するという思考法です。会議や日常のコミュニケーションでも，ちょっとした言葉のミスや，意見の相違などがあれば即指摘する人がいますが，指摘思考の一例になります。

指摘すること自体は，誤りを正す効果があるため有効です。しかし，議論で相手を打ち負かしたり，自身を賢く見せたりすることが目的になることも多くあります。そして，本筋の議論が停滞して課題解決に向けた議論を進めることができなくなります。そもそも指摘するだけでは課題の解決策を導くことはできません。

しかも，会議で1人でも指摘思考の人が参加していると，指摘されるのを恐れて誰も発言しなくなるおそれが出てくるため，本筋での活発な議論の妨げになります。

そのため，指摘を有効にするには，会議などでは過剰な指摘は控えるようにし，「積極的に意見を出す」ことを方針として打ち出すようにします。指摘を恐れず意見が出せる環境づくりが必要といえるでしょう。

3つ目の「あるべき論思考」とは，問題の原因を究明せずに，あるべき姿を主張するだけの思考法です。

例えば，営業成績が振るわず目標を達成できなかった際に，「外勤率が低いので外出を増やすべきだ」と主張するようなケースです。

厄介なのは，この主張が正論であるため反論が難しいことです。

しかし，外勤率が低い個別の原因を追究して改善しなければ行動に結びつきません。営業の事務処理が多すぎるなど，外出できないやむを得ない要因があるからです。

あるべき論思考の人は，個別の原因について究明しようとはしないため，当然，課題解決にはつながらないのです。

【課題解決思考と三大不適切思考】

課題解決思考	当てはめ思考	指摘思考	あるべき論思考
現状把握	現状把握	現状把握	現状把握
問題発見	問題発見	問題発見	問題発見
原因究明			
ゴールイメージ			
具体策の構築，提案	知識からの提示	問題の指摘の提示	あるべき姿の提示

　これ以外にも，思いつきで主張するタイプ，思い込みが激しく自身の主張を曲げようとしないタイプ，何でもルールや指示どおりにしか思考できないタイプなど，さまざまな思考のタイプの人はいます。

　また，考えることを苦手にしていて，常に誰かに指示されることを望む人もいます。

　ただ，ビジネスパーソンやコンサルタントで目立つのが，これら三大不適格思考です。なぜなら賢く見せることができるからです。

　実際に，この三大不適格思考を状況に合わせて使い回している人を時々目にします。この思考法を組み合わせながら力強いコメントやプレゼンを行えば，傍からは賢く見えてしまい，相手や周囲は納得してしまうのです。

　しかし，いくら賢く見えても，三大不適格思考を使い回すだけでは個別の課題を解決することはできません。

3-2 「当てはめ思考」と「課題解決思考」の違い

当てはめ思考と課題解決思考の違いについて，先ほどの営業コンサルティングの事例を使って再確認してみましょう。

■当てはめ思考と課題解決思考のコンサルティングの事例

ある企業のコンサルティングでヒアリングを行っている際に，社長が「営業成績が悪化している」と言いました。これが課題解決思考の「問題の発見」に当たります。

しかし，この問題点の原因を究明せずに，コンサルタントは「それでは営業を強化するために『営業教育』を実施しましょう。半年間で完成する我々の営業教育の教材を実施すれば解決します。料金は半年で500万円です」と提案し，社長はそれを信じて承諾しました。

つまり，当てはめ思考の提案が受け入れられ，コンサルティング会社は自社の営業教育パッケージの導入に成功したのです。

しかし，営業成績が悪化した原因は，営業担当のスキル不足であるとは限りません。つまり営業成績悪化の真の原因は，「営業担当のスキル不足」ではないのです。

そのため，いくら高額な営業教育を実施しても，同社の「営業成績の悪化」という問題は解決しません。したがって，いくら500万円をかけて営業教育を実施したところで，営業成績の改善の効果は根本的な解決になっておらず，限定的なものでしかありません。

ただし，営業教育は，営業担当のスキル向上に多少なりとも役立つため，営業成績改善に少しは効果があるものです。そのため社長としては，真の原因が解決せず，営業成績が本質的に改善されなくても，とりあえず納得してしまうケースが多いのです。

　しかし，営業教育というのは，今回のケースでは営業成績悪化を改善する直接的な施策ではなく副次的な施策であるため，課題を解決する合理的な施策とはいえません。

　そして，営業教育終了後，コンサルタントは次の課題について社長と打ち合わせをしたところ，今度はコンサルタントに社長は「営業担当のモチベーションが低下している」と伝えました。

　そこでコンサルタントは「社員のモチベーションを上げるために『目標管理制度』を導入しましょう。当社のしくみであれば半年間で，500万円で導入できます」と伝え，今回も社長は提案を承諾しました。

　再び，当てはめ思考の提案が受け入れられて，コンサルタントは自社の目標管理パッケージの売り込みに成功しました。

　しかし，営業担当のモチベーションが低下している原因は，営業担当が将来の目標を見失っているわけでも，将来に不安を感じているわけでもないので，営業成績悪化の真の原因は社員のモチベーション低下ではありません。そのため，目標管理制度を導入したところで，営業成績の改善は見込めないのです。

　しかし，目標管理という新たなしくみが導入でき，また，営業のモチベーション向上に一定の効果があったため，社長は満足しました。

　このように，コンサルティング会社が社長にさまざまな提案をして，自社のパッケージを売り込んでいるのが実態であり，当てはめ思考の提案が一般的に行われているのです。

　しかし，結局は営業成績悪化という課題は解決しませんでした。

　そこで社長は，別のコンサルタントに同じ依頼をしました。

　そのコンサルタントは，営業成績悪化の真の原因を究明するため，課題解決思考を踏まえてヒアリングを行いました。

　問題の原因を掘り下げていくと，営業成績が悪化したのは，「営業担当

【「当てはめ思考」と「課題解決思考」の違い】

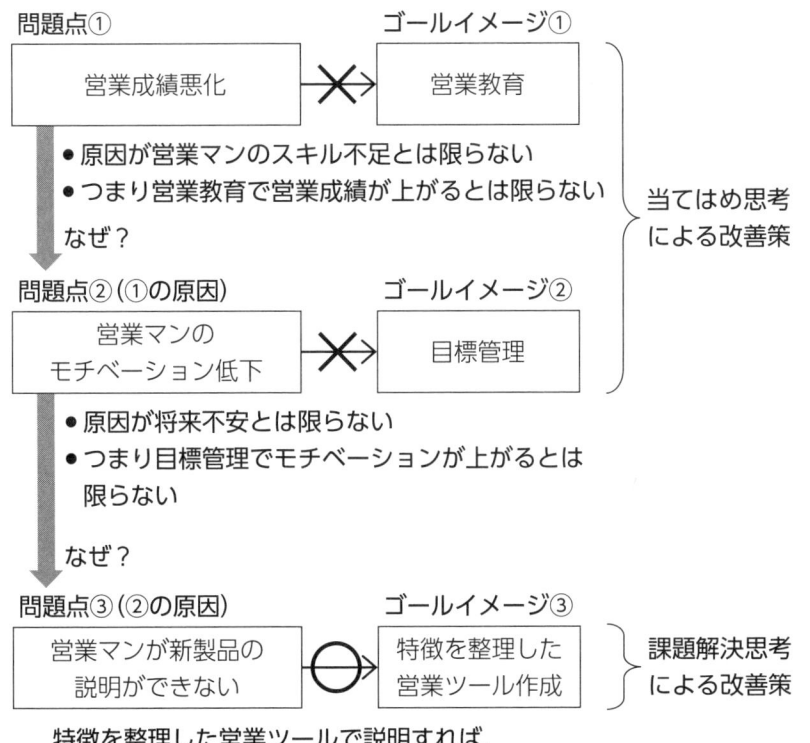

初級編

特徴を整理した営業ツールで説明すれば，
営業担当は誰でも簡単に製品説明ができる

が新製品の説明ができず，新製品の売上が思うように伸びていない」というのが真の原因であることが判明しました。

　新製品が従来品と異なる新たなカテゴリーの商品であるため技術的知見が必要で，営業担当は誰もそれを理解できていなかったので，その製品の特徴や強み，顧客のベネフィット（利益）などを紹介することができませんでした。

　営業担当は，最初のうちはカタログベースで簡単に説明していましたが，営業担当自身が製品の理解が乏しく，顧客の良い反応も得られないので，しばらくして積極的に新製品の説明をしなくなっていたのです。

　営業担当が効果的な製品説明をできるようにするには，その製品の特徴や顧客のベネフィットを説明できる営業ツールを作成すればよいのです。そうすれば，説明の難易度が高い製品でも，営業担当はそれを読むだけで，顧客に製品の良さを伝えることができます。

　つまり，この「誰でも説明できる営業ツールの作成」が，課題解決思考の「ゴールイメージ描写」になるのです。

　新たなコンサルタントは，ゴールイメージが描写できるところまで問題の原因を掘り下げたため，この「営業担当が新製品の説明ができない」ことが，営業成績悪化の真の原因であることを突き止められたのです。

　このように，課題解決思考で掘り下げて真の原因を究明すれば，問題点を改善できる方向性をはっきりと示すことができます。

　真の原因を掘り下げずに提案するという当てはめ思考の行為は，前述した医者の例でいうと，胃潰瘍であるにもかかわらず，下痢気味ということで検査をせずに腹痛薬を処方するのと根本的に同じであり，これでは胃潰瘍は完治しません。

　このように当てはめ思考は，コンサルタントに限らず，多くのビジネスパーソンが無意識に陥る現象であるため注意が必要です。

　私が経験した事例を1つお伝えします。

　現場の支援をしていた某企業に，非常に優秀な営業担当がいました。当初彼は一般的なマーケティングの知識は皆無でした。しかし，営業成績も良く，顧客主義かつ現場主義で，顧客に関わるさまざまな問題を解決している非常に優秀な社員でした。

　私がコンサルティングでその会社に携わるようになって，彼からさまざまな相談を受けるようになりました。優秀で意識の高いビジネスパーソンの成長を支援することは，私にとってこの上ない喜びでしたので，彼にさ

まざまなノウハウを丁寧に伝えました。

その結果，彼は短期間で多くのマーケティングの知識を習得しました。

しかし，いつの間にか，彼の仕事のやり方が急変してしまいました。それは，これまでの常に顧客に向き合っていた仕事のやり方ではなく，マーケティングの専門用語を多用するようになって，現場の状況を細かく確認しなくなったのです。

その会社は中小零細企業で，周りにマーケティングについて詳しい社員はいなかったため，彼の周囲への態度も変わってしまいました。打ち合わせでも自身の持っている知識を誇示するようになり，上から目線で発言するようになっていました。

つまり，マーケティングの知識を身につけたことで，その知識を現場に当てはめる「当てはめ思考」に陥ってしまい，業務に対する姿勢まで変わってしまったのです。

課題解決思考は，現場の現状を把握し，問題点を見つけて原因を究明するという手順です。この手順は難しいものではありません。特に専門的な知識がなくても，フレームワークを使わなくても，現場主義と顧客主義を徹底しているビジネスパーソンは自然と実施しているケースが多いのです。

彼の場合，もともと現場主義，顧客主義で活動していたため，自然と課題解決思考の手順どおり思考し，実行することができていました。その結果，優秀な成績を収めることができたのです。

しかし，さまざまなマーケティングの専門知識を習得することによって，課題解決思考を活用する現場主義，顧客主義から，当てはめ思考に変わってしまったのです。

これはほんの一例であり，こうした知識を習得することで当てはめ思考に陥るケースは非常に多いです。特にビジネスの世界で最もよく目にするのがこの当てはめ思考なのです。

　課題解決思考は，まず現状把握がスタートなので，課題解決思考は「現場主義」でなければなりません。そして，提案力のレベル向上には，**5-2** で説明する実践スキルが必要になります。

　つまり，成長してレベルアップするためには，課題解決思考と実践スキルを両立しなければなりません。

　そのためには，知識を習得する際は，専門用語を暗記するのではなく，現場に活用するための「実践スキル」として習得するのです。習得しようとする知識が現場のどのような問題を解決するのに役立つのかを意識して習得することを心がけるのです。

　ここで，当てはめ思考と課題解決思考の違いについて，右のイラストを使って脳内のイメージから見ていきましょう。

　当てはめ思考は，1つの要素に対して1つの答えを出すものです。

　例えば「営業成績悪化」という1つの問題点に対して，自身の知識の中から「営業教育」という1つの答えを取り出してそのまま提案するイメージです。

　脳内で「営業成績悪化→営業教育」という1つの回路がつながるような状況で，「営業成績が悪化したら営業教育を行えばいい」という知識をそのまま当てはめるものです。

　多くの人が当てはめ思考に陥る要因の1つは，そもそもの脳の構造にあると思われます。

　脳科学によると，脳はもともと怠け者でなるべくエネルギーを抑えようとし，思考には大量のエネルギーが必要になるため効率化を図ろうとします。そのため，ある事象についてすぐに思いついた知識をそのまま当てはめてしまうというのは自然であると考えられます。

　例えば，ある問題を発見したり見聞きしたりした際に，解決策として脳の中でエネルギーを使っていろいろと吟味します。しかし，その問題を解

当てはめ思考のイメージ

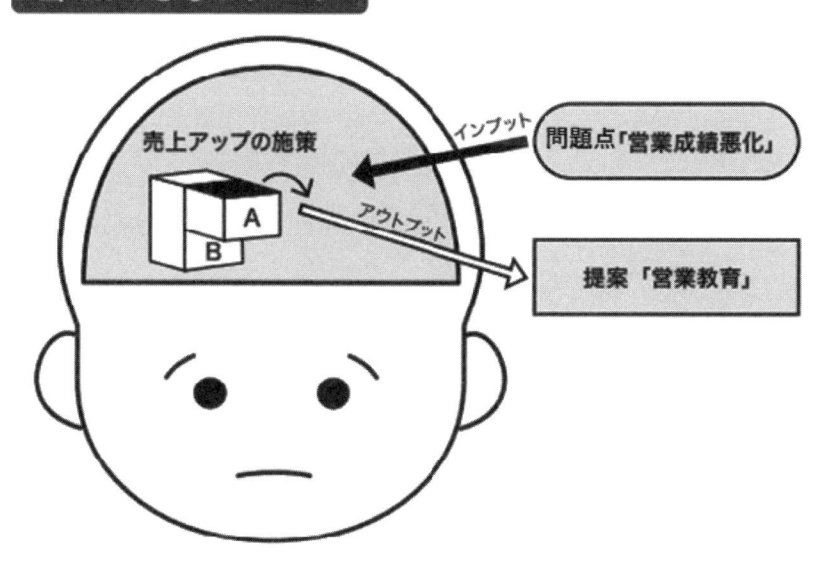

課題解決思考のイメージ

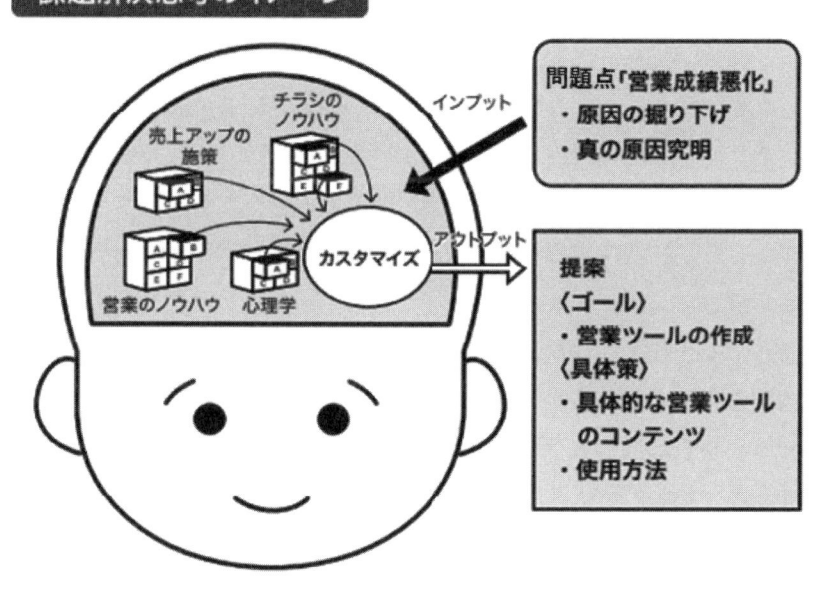

71

決すると考えられる1つの情報が記憶の中にあれば，脳が省エネを行って，それと紐付けて解決策と決めつけて提示するわけです。

　このように問題を見聞きして初めて脳内の記憶と結びつく場合もあれば，もともと「Aという事象ならBだ」という思い込みによる場合もあります。固定観念やステレオタイプといわれるケースです。

　双方とも，**3-4**で説明する「考えが足りない」「視野が狭い」「頭が固い」という状態に陥っているわけです。

　一方で，問題解決思考は，「営業成績悪化」という問題点を掘り下げて「営業担当が新製品の説明ができない」という真の原因を究明して脳に取り込みます。それらの情報から，真の原因を解決するゴールとなる解決策を，さまざまな実践スキルと結びつけて頭の中でカスタマイズするのです。

　具体的には，誰でも簡単に新製品に関する高度な技術的な説明ができるような「営業ツールの作成」をゴールイメージとして描きます。

　その具体策となるツールのコンテンツの作成や実際の使用方法については，入手した情報と，「売上アップの施策」「チラシのノウハウ」「営業のノウハウ」「心理学」といったさまざまな要素の実践スキルを紐付けて，相手に最適な答えを組み立てるのです。

　脳内では，「営業成績悪化」という問題点とその原因の情報がインプットされることで，脳内のさまざまな実践スキルの情報と結合します。それらの情報を活用して脳の中で施策をカスタマイズしてアウトプットされるわけです。

　このように思考はさまざまな情報を脳内でリンクさせて行うものなのです。

　この状態を**1-3**で説明した脳科学の観点で説明すると，まずはヒアリングで「理解系」を使って入手した情報を理解しながら，現状把握や問題点の発見，原因究明などを行います。そして収集した情報に関連する内容

を「記憶系」を使って実践スキルから抽出します。さらに収集した情報と脳内のさまざまな情報を「思考系」を使って連結させてカスタマイズし，最適な解決策や解答などを導き出す，ということです。

さらに当てはめ思考と課題解決思考の違いを別の面から見ていくと，当てはめ思考は「答えのある問いに答える能力」といえます。

これは学生時代の「与えられた問題の答えを暗記して試験の点数を上げれば優秀」という場合には有効です。けれども，ビジネスの世界では「言われたことはしっかり実行できる」というレベル止まりで，指示される側の思考です。「自分自身で課題を発見して解決策を見出す」という優秀なビジネスパーソンへの成長は難しいでしょう。

コンサルタントや士業などの，高い専門知識を提供するということを生業にしているビジネスパーソンにとって，専門知識を提供するという当てはめ思考の支援は，これまでは通用していました。ところが，AI時代になれば専門知識が武器にならなくなります。

一方，課題解決思考は，相手特有の問題の原因を究明し，相手特有の解決策をさまざまな実践スキルを紐付けて，カスタマイズして見出します。

AIが当たり前になる時代でも，AIでは包括的な情報を収集してさまざまな答えを導き出してくれるため，「方向性」レベルでは参考になるでしょう。けれども，相手特有の状況に合わせた最適な解決策まで見出すことは困難です。

そのため，この課題解決思考は将来的にも，ビジネスパーソンにとって強い武器になるスキルになるのです。

なお，1-5 で「課題解決思考は頭の回転が速くなる」と伝えました。しかし，時々「頭の回転は速いが浅い」という人がいます。

これは実際に頭の回転が速いのではなく，1つの要素に複数の知識を

次々と当てはめているから，頭の回転が速く見えているにすぎません。これでは，問題解決力は高まりません。

　まずは，課題解決思考という基礎スキルをしっかりと身につけることが大切です。

　また，ヒアリングなどで収集した情報と頭の中で結び付けるのは，長期記憶化された実践スキルだけでなく，短期記憶の情報と連結させる必要がある場合もあります。

　例えば，コンサルティングの現場では，初回のヒアリングの前に財務分析を行って数値面の問題点を把握し，その後にヒアリングを行うことが大切です。そして財務分析の結果，「営業利益がマイナス」「材料費が高い」「広告宣伝費が近年増加傾向」といった数値面の問題点がわかれば，それらの原因をヒアリングで探っていきます。PL／BSで悪化している問題点の原因は，現場にあるからです。

　もし財務分析の問題点が頭に残っていなければ，これらの問題点の原因を探りながらヒアリングすることができません。そのためヒアリングでは，財務分析で発見した数値面の問題点をしっかりと「短期記憶」として認識しておく必要があります。そうすれば課題解決思考を効率的に実施することができます。

　重要なことは，ヒアリングをしながら頭の中で分析を行うために，そして相手に合わせた最適な解を導き出すために，「収集した情報」と「頭の中の情報」を脳内で連結させることです。

3-3 「当てはめ思考」に陥りやすいケース

　当てはめ思考は多くの人が知らないうちに陥ってしまうと前述しましたが，特に当てはめ思考に陥りやすいケースは大きく分けて次の4点で，各々について説明していきます。

① 専門知識はあるが現場経験が少ない人
② 知識（雑学）の豊富な人
③ 専門家（士業・コンサルタントなど）
④ 範囲が広く情報量が膨大で複雑な場合

　1つ目は「専門知識はあるが現場経験が少ない人」です。

　資格を取得したり，ビジネス書で学習するなど新たな専門知識を習得しても，その専門領域の現場経験が少ないと，学んだ知識をそのまま現場に当てはめてしまうケースが多くなります。

　理由は，実務経験が乏しい状況では，記憶した「知識」を現場で活用できる「実践スキル」に昇華させることが難しいからです。

　2つ目は「知識（雑学）の豊富な人」です。

　例えば，会議などで，本質からズレたところで自身の知識をアピールするかのように専門的知識を披露する人がいます。また，意見が対立したときに，本質ではないにもかかわらず，あえて相手のわからない専門的な内容を持ち出して相手を論破してしまう人もいます。これらは単に自身の知識を披露するあてはめ思考であるといえます。

　議論が対決姿勢になり，内容が専門的になるほど，持っている情報量で勝負が決まる傾向があります。なぜなら，相手の知識不足の内容を詳細に説明して，自身の正当性を主張された場合，相手はそれに対する知識がな

いため反論ができないからです。

　当然ながら，合理的な説明によって相手や周囲を説得したり納得感を与えたりする必要がある場合，豊富な知識は大きな武器になります。この豊富な知識を実践スキルとして活用できればよいのですが，単に知識を披露して自身を知性的に見せることや，相手を論破することが目的になってしまうと，実践スキルとして役立たせることはできません。

　知識の習得は成長のために必須の取り組みですが，単なる知識のままで活用方法を誤ってしまえば宝の持ち腐れになります。知識を実践スキルとして自身の業務と紐付けることができるようになれば，その知識を現場に活かすことができ，業務の幅を広げたり深掘りしたりすることができるようになります。

　「知識の習得は成長のため」という意識を持って知識習得に取り組むことが大切です。

　続いて３つ目は「専門家（士業・コンサルタントなど）」についてです。

　士業やコンサルタントなどの専門家は，豊富な知識を持っている一方で，当てはめ思考に陥りやすいといえます。その理由は，豊富な知識があれば当然引き出しが多くなるため，さまざまな状況において，その状況に関連する知識だけで対応できるからです。

　ただし，コンサルタントの場合，当てはめ思考が有効である場合もあります。それは，専門分野に特化したケースです。

　コンサルタントの種類を大きく２つに分類すると，経営全般を扱う「経営コンサルタント」と，業種や職種に特化した「専門コンサルタント」になります。

　経営コンサルタントは，対象が経営・組織・人事労務・会計・営業・製造・店舗など，会社のすべての機能が対象です。

　例えば，事業再生やM&A，PMIで実施する事業デューデリジェンス

（ビジネスデューデリジェンス）では，これらすべての機能について課題解決思考を活用し，現状把握を行い，問題点とその原因，真の強みを見出します。そして，会社の業績を改善させたり，シナジー効果を発揮させたりするための施策を構築することが求められます。

　一方，専門コンサルタントは，自身の専門知識をクライアントに伝えることが主な役割になります。クライアントもコンサルタントの専門知識の習得が目的になるため，当てはめ思考で問題はありませんが，AIの時代になると専門性が武器にならなくなるため，専門知識を提供するだけでは成り立たなくなります。

　ただし現在でも，実際の現場では，専門のコンサルティングであっても相手の現状に合わせて提案することが求められるケースは少なくありません。そのため，専門コンサルタントであっても課題解決思考は重要であるといえます。

　なお，ここで説明した専門コンサルタントによる当てはめ思考は，相手のニーズと合致しているため問題はありません。ところが，先ほど紹介した「営業成績悪化→営業教育」という事例のように，相手の状況に合わせるものでなく，「売上を上げるため」といった自身の都合だけで当てはめ思考を活用するのは，あるべき姿とはいえません。

　私がコンサルティングの現場でよく遭遇するのは，現場のちょっとした知識を何にでも当てはめてしまうコンサルタントや，コンサルティングに関連する団体の人たちです。

　現場で習得した知識は，ビジネス書に書かれているような一般的な知識とは異なる場合が多いため，自分だけが知っていると思い込んで得意げになったり，知ったかぶりをしたりして，その知識をさまざまな場面に当てはめてしまうのです。当てはめ思考なので実質的には思考停止に陥っており，しかも自身の主張に自信を持ってしまっているため，こちらが何を言っても聞き入れようとしないケースが多くあります。

　私の仕事は事業再生コンサルティングであり，クライアントは業績が悪化して資金繰りも厳しい中小の再生企業です。経営者は人生をかけて経営をしているので1つのミスリードも許されません。そうした企業の支援をしている際に，外部から的外れな主張をされることが度々あるため，時には言い争いに発展してしまうこともあります。

　企業の課題を解決するためには，その企業特有の問題点と真の原因を究明し，その真の原因を改善する施策を提案しなければなりません。そのためには，当てはめ思考ではなく，課題解決思考で個別の課題を解決する提案をすることが大切なのです。

　最後の4つ目は「範囲が広く情報量が膨大で複雑な場合」についてです。

　改めて，要素（問題点）が1つに限定された場合の課題解決思考について，ホームセンターを例にして説明します。

● （現状）さまざまなカテゴリーの商品が大量に陳列されている。

● （問題）顧客から「探している商品が見つからない」というクレームがあった。

● （原因）陳列はカテゴリーごとに整理されているが，カテゴリーの種類が多く，どこにどのカテゴリーの商品があるのかがわからない。

● （ゴールイメージ）顧客が来店時，および買い物途中に，目的のカテゴリーの棚がすぐわかるようにすればよい。

● （具体策）入口と各ポイントに店内マップを掲示する。また，どこからでも見られるように売り場を明記した大きな看板を掲示する。

　こちらのホームセンターの例では，顧客からの「探している商品が見つからない」と問題点が1つに限定されているため，比較的容易に課題解決思考を活用することができると思います。

　またクレームの発生が起点となり，すでに問題点が特定されていて「現

状把握」や「問題点発見」というステップも必要がないため，比較的容易に解決策にたどり着きます。

　一方で問題解決の対象領域が広く，情報量が増える場合，広範囲の中の膨大な情報量から1つひとつ現状把握を行って問題点の発見と原因究明をするという，課題解決思考の一連のプロセスを実施していかなければなりません。

　このホームセンターの例では，「顧客のクレームへの対処」のみでしたが，これが「ホームセンターの赤字経営を黒字化する」ということが目的になれば，問題解決の領域が一気に拡大し，さまざまな赤字の原因を探って改善する必要が出てきます。

　例えば，赤字の要因が「現場の生産性低下」「在庫管理の不備」「競合他社との低価格競争」「商品ラインナップの不足」「顧客対応の不備」などであれば，これでは現状把握だけでも大変です。

　また，さまざまな要素が対象になれば，問題点と原因が複雑に絡み合って，ある要素の問題の原因が別の要素に起因するなど問題と原因の関係が複雑になり，極めて課題解決の難易度が高くなります。その結果，わかるところだけに反応するようになり，自身の得意分野だけで提案する当てはめ思考に陥ってしまうのです。

　こうした膨大な情報の課題を解決する場合でも，実は実施している思考法は「課題解決思考」のみです。難易度が高いといっても，膨大な情報を「要素分解」すれば，分解された各項目で1つひとつ丁寧に課題解決思考を実施していけばよいのです。

　なお，要素分解の方法については **4-2** のフレームワークのところで説明します。

3-4　思考に関するさまざまな問題は「課題解決思考」で解決する

　思考については，先ほどの三大不適格思考以外にもさまざまな問題があり，多くの人がこれらの状況に無意識に陥っています。ただし，その思考の問題に陥っている状況について，何となく理解はしているものの，きっちりと説明できる人は少ないと思います。そのため思考に関する問題を解決できず，いつまでも思考の悩みが尽きないのです。

　ただし，こうした思考の問題はすべて課題解決思考を習得すれば解決します。そこで，うまく思考できないさまざまな状態について真意を追究していき，課題解決策でどのように解決するかを説明していきます。

　まずは「考えが足りない」ことについての問題です。これは「現状把握が不十分で，断片的な情報だけで答えを出す」ということです。

　多くの人は自身のことを考えが足りていないとは思っていませんが，実際には前述のとおり，現状把握が不十分な状態で答えを出すことが非常に多いので，世の中のほとんどの人は考えが足りていないのです。

　この問題は，課題解決思考の「現状把握」と「問題点・強みの発見」をしっかりと行うことで解決します。

　次の問題は「視野が狭い」ことです。これは現状把握の範囲が狭く，偏った部分的な情報で答えを出すことになります。現状把握が不十分という意味では「考えが足りない」と同じ状況で，多くの人は視野が狭いといえます。

　視野が狭いと，広い範囲の情報を取り扱う場合に的確な課題解決はできません。なぜなら，ある問題点の原因がその領域内において起因している

とは限らないからです。特に企業経営や政治経済など，さまざまな要素で構成された集合体では，問題と原因の関係が複雑に絡み合っているのです。

　そのため，視野を広くするには，全体の情報を要素分解して，1つひとつの要素に対して，課題解決思考を使って「現状把握」と「問題点・強みの発見」を行えば解決します。

　なお，視野を広げるテクニックとして，**5-6** で「集中整理・一覧性の法則」について説明していますので，そちらを参考にしてください。

　続いて「考えが浅い」という問題は，問題点や強みを掘り下げず，問題点の原因や真の強みを究明していないことです。表面的な問題点や強みから，自身の知識を使って答えを出してしまうので，課題の解決が難しくなります。真の原因を究明していないということは，すなわち物事の本質を見抜けていないということです。

　本質を究明せずに自分の知識のみから答えを出すという当てはめ思考で解決策を導いたところで，**2-5** の医者とコンサルタントの例で示したとおり，相手の問題は解決しないのです。

　そのため，考えが浅いことを改善するためには，深く考えること，つまり課題解決思考の「原因究明，真の強み究明」を行うことです。

　なお，「考えが浅い」という言葉はさまざまな意味で使われます。例えば，根拠もなく思いつきで発言したり，自分の考えを持たずに誰にでも何でも同調したり，先を見据えることができず場当たり的になったりすることです。これらで共通しているのは「物事の本質を理解していない」ということなので，真の原因を究明することが解決策となります。

　次に「頭が固い」という問題は，相手や周囲の主張や状況を考慮せず，自身の知識や経験，考えだけで答えを出すことです。

　例えば，「思い込みが激しい」「こだわりが強すぎる」という場合や，ス

テレオタイプのケースになります。周囲の人にどれだけ迷惑がかかるとしても，また，他にベターな解決策があったとしても，相手の立場に立って考えたりものごとを俯瞰して考えたりすることができません。そこまでして自身の意見を通そうとする人がいますが，こういう人は頭が固いのです。

　頭が固くなる原因は，現場の状況から問題点などを抽出して掘り下げるという，課題解決思考の各手順で思考できないことが原因です。これは，課題解決思考で解決できます。

　その他「ズレる」という問題は，本質的な議論から外れた思考や主張をすることです。

　例えば，議論の際に，議論の「内容」ではなく，その中で出てきた1つの「言葉（単語）」に反応してしまい，そこから派生する自分の知識や経験，考えについて話し出すなど，本筋から外れた話をするケースです。

　また，議論の中で突然誰も知らないような専門用語の解説を始めたり，相手のちょっとした言葉尻を指摘したりするケースもあります。あるいは自身の得意分野について主張して周囲を巻き込み，議論を本筋とは乖離した，自身の得意な領域に持ち込んだりする場合もあります。

　ズレる要因は課題解決思考の「現状把握」や「問題点・強みの発見」「原因究明，真の強み究明」ができていないためなので，これらを実施すれば解決します。

　さらに「洞察力がない」という問題は，本質を見抜けず，つまり問題の原因を究明せず，表面的な情報・問題点だけで思考することです。

　例えば，営業利益マイナスが続いている製造業で，原因を究明すると見積金額の策定方法が誤っていて安価な値付けで販売していたことが判明しました。しかし赤字解消ですぐに思いつく「人件費の削減」を主張するような場合がそれに当たります。

【思考に関する課題と，それを解決する課題解決思考の手順】

思考の課題	内　容	課題解決思考の手順
考えが足りない	現状把握が不十分で，断片的な情報だけで答えを出す	● 現状把握 ● 問題点・強みの発見
視野が狭い	現状把握の範囲が狭く，偏った部分的な情報だけで答えを出す	● 現状把握 ● 問題点・強みの発見
考えが浅い	問題点や強みを掘り下げて原因究明せず，表面的な問題だけで答えを出す	● 原因究明，真の強み究明
頭が固い	相手や周囲の状況を考慮せず自身の知識や経験から答えを出す（当てはめ思考）	● 課題解決思考
ズレる	議論の「内容」ではなく，一部の「言葉」から派生する自身の知識等について話し出す	● 現状把握 ● 問題点・強みの発見 ● 原因究明，真の強み究明
洞察力がない	本質を見抜けず（問題の原因を究明することができず），表面的な情報・問題点だけで思考する	● 原因究明，真の強み究明

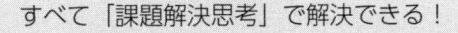

すべて「課題解決思考」で解決できる！

　そういう人は，思考回路が「営業赤字＝人件費を減らして経費を削減する」という当てはめ思考に陥っており，製造業の本質的な問題である「原価計算ができていない」「本来の原価より低い原価で値付けをしている」という状況が描けないのです。そうなると「誰をリストラするか」というような，まったく本質から外れた議論を繰り返してしまうのです。

　一方，原因究明のために問題点を掘り下げれば，問題が起きている真の原因にたどり着くことができます。真の原因にたどり着くということは，前述のとおり，他者には見えない本質的な状況が見えるようになるという洞察力が身につくというわけです。

初級編

3-5 「思考の軸」という考え方

　本章の最後は，「思考の軸」という考え方について伝えます。

　思考の軸とは「何を軸として思考しているか」ということです。具体的には，常に自分や，自身の所属する団体・組織・部門を中心に考える「自分軸」と，常に顧客を中心に考える「顧客軸（相手軸）」があります。

　ここで課題解決思考を阻害するのが，自分軸の思考です。しかし，人が最も興味があるのは自分自身であり，常に自身を優先して考える傾向があるといわれています。

　ただし，これが「自分の成長のため」であり，他人や社会，顧客のための活動を通じて自身の成長につなげるような場合であればいいのですが，ここでの自分軸というのは，いわゆる「利己主義」ということです。

　利己主義の人は，常に自身の利益を最優先に考える思考であるため，他者の発言や行動を軽視し，自身の利益のために他者が不利益を被っても気にしません。

　また，議論の最中で批判や自慢を繰り返すなど，いかに自身を賢く見せるかが最優先になります。さらに，自身の言動が原因で問題が起きたり指摘を受けたりしたときには自己防衛に没頭します。

　こうした自分中心に物事を考える思考では，いくら豊富な知識や経験があっても良い成果を出すのは困難です。しかし，団体や組織に所属すると，各人が各々の所属する部門を軸に考える自分軸に陥って他部門と対立し，課題解決が進まないケースが非常に多いです。

　例えば，ビジネスの世界では，本社（営業部門）と工場（製造部門）の対立があります。本社側は，より多くの売上を上げたいという自身の都合で工場に原価低減を要求しますが，工場側は品質を維持したいため原価アップを主張して対立します。

【自分軸による議論】

営業のメリット　工場のメリット

営業軸　　　　　　製造軸

【顧客軸による議論】

顧客軸

客のメリット　客のメリット

　また，見込み生産（あらかじめ製造する販売形態で製品在庫から販売する）の製造業で，計画どおりに製品を製造しても，思うように売上を獲得できずに大量の在庫が残ってしまって製造部門が営業部門を批判したり，営業部門が生産調整を行わない製造部門を非難したりするケースもあります。

　受注生産（受注してから製品の生産に取り掛かる生産形態）の製造業でも，営業が顧客から聞き取った仕様に不備があって製造ミスが発生した場合，仕様不備を指摘する開発部門と，確認不足を指摘する営業部門で対立するケースもあります。

　自分軸で対立するケースは政治の世界でよく見られます。

　例えば，国民の生活よりも，政党同士や同じ政党の大物同士で対立するようなケースで，解決方法は各々の利害を踏まえて妥協できる落としどころを探り，互いが納得する形で終結するというものです。これでは目的が「本質的課題の解決」から「互いが納得できる妥協点での解決」に変わってしまっています。

　さらに，「双方のメンツを潰さない」という個人的理由が加わって完全に軸がブレることもよくあります。

　国のトップ同士の議論では致し方ないですが，一企業でも同様のケースが起きています。

　例えば，社長の方針が誤っていても，社員が「社長のメンツを潰すわけにはいかない」などと忖度するケースです。

　本質的な課題が解決しない，あるいは会社や国がなかなか変われないケースというのは，自身や組織の都合でものごとが決定される状況が背景にあることが大きな要因の１つになっていると考えられます。

　こうした状況は，課題解決思考でお互いが顧客軸で議論すれば，本質的な議論を行うことができ，確実に課題を解決することができます。

　常に良い成果を出す人に共通しているのは，常に「顧客軸」でものごとを考えていることです。そして課題解決思考というのは，顧客の現状や問題点を把握して原因究明し，顧客の課題を改善するというプロセスです。

　つまり課題解決思考は，自然と顧客軸で思考することができ，常に本質的な思考や議論ができるようになるので，根源的な課題を解決することができるのです。

Ⅱ　中級編／第4章

フレームワークを使った
課題解決思考

4-1 フレームワークは，大局的思考のために要素分解
された分析の切り口

　中級編では，課題解決思考をより高いレベルで実施するために必要なフ
レームワークや思考法のノウハウについて整理していきます。

　まず，本章ではフレームワークについて解説します。

　思考には「縦（深さ）」「横（幅）」「長さ（奥行）」の3つの軸がありま
す。

　これまで紹介した課題解決思考は，現状把握→問題点抽出→原因究明，
というように，思考を掘り下げていく方法です。これは，1つの項目を縦
に掘り下げるので「縦（深さ）の思考」になります。

　一方で，ものごと全体を俯瞰して思考するには大局観が必要となり，そ
のためには縦の思考だけでなく「横（幅）の思考」を行って視野を広げる
必要があります。

　思考の幅を広げるには，全体の情報を「要素分解」することが必要であ
り，あらかじめ要素分解されたものが「フレームワーク」といえます。

　また，思考には「長さ（奥行）」もあります。これは時間軸のことです。
現状だけでなく，中長期的視野でものごとを考える場合には，思考の長さ
を考慮することが大切です。

　このようにフレームワークは，まずは思考の幅と奥行を広げ，ものごと
をミッシー（MECE：漏れなく，ダブリなく）で，大局的に思考するため
に役立つものと考えてください。

　なお，視野を広げるテクニックである「集中整理・一覧性の法則」につ
いては **5-6** ，大局的に思考するための「構想力」については **6-3** で説
明しているので，フレームワークとあわせて確認してください。

【思考の３軸】

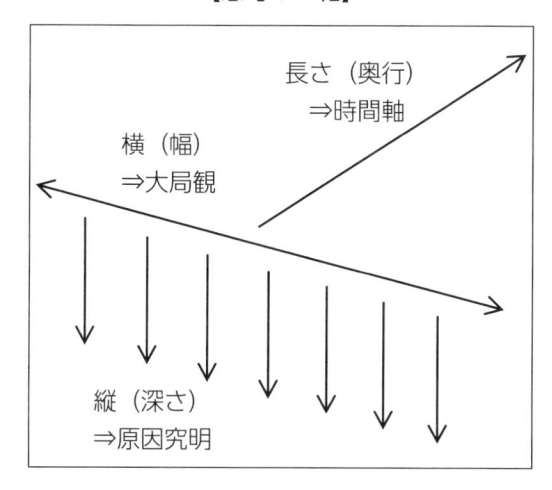

中級編

　フレームワークの定義は「ビジネスで物事を考える上での枠組みや骨子」であり，現状把握や問題点・強みの整理，および思考の整理に使われます。言い換えれば「分析の切り口」ということです。

　つまり，フレームワークとは，「大局的思考のために要素分解された分析の切り口」といえます。

　「分析の切り口」という意味では，名前のついた知名度の高いフレームワークだけでなく，世の中にはさまざまなツールがあり，無料でダウンロードできるものも数多くあります。また，例えば業務フローをプロセスで整理して，各プロセスで強み・弱みを抽出して見える化すれば，名前はありませんが立派な分析といえます。

　こうした分析手法も，名前のあるフレームワークと同様に，要素分解して分析の切り口として利用するものです。

　要するに，フレームワークの多くは，目的に合わせて要素分解されたものであるため，目的に適合しなければ活用しても意味がなく，ただフレームワークをいろいろと活用すればよいというものではありません。フレー

ムワークを使わずとも，状況に合わせて最も有効な分析方法を活用すれば
よいわけです。

　フレームワークがよく活用されるケースは，経営・組織活動，戦略構築，
マーケティング，製造活動などであり，各フレームワークの項目に沿って
分析を行えば，正確な現状把握と強み・弱み（問題点）を把握することが
できます。

　よく知られた，名前のついているフレームワークの中で，使い勝手の良
い便利なツールとして活用できるものをいくつかご紹介します。

　まずはマーケティングでは，STP分析や3C分析，4P／4Cなどがありま
す。

　「STP分析」とは，セグメンテーション（Segmentation），ターゲティ
ング（Targeting），ポジショニング（Positioning）の頭文字を取ったもの
です。市場を，BtoCでは年齢・性別・職業・居住地域などで，BtoBでは
業種や規模などのセグメンテーションで細分化します。

　各々の項目からターゲティングで狙うべき顧客層を定め，ポジショニン
グによって競合との差別化を図ることで，効果的なマーケティング戦略を
策定するために活用します。

　「3C分析」とは，顧客や市場（Customer），競合他社（Competitor），
自社（Company）の３つの要素を分析することです。自社と競合に関す
る強みと弱み，そして顧客のニーズやウォンツを抽出して整理するために
活用します。

　顧客のニーズはあってもさまざまな競合が参入して価格競争に陥ってい
る領域（レッドオーシャン）ではなく，顧客ニーズは満たしていて競合が
参入していない（あるいは競合が少ない）領域（ブルーオーシャン）を見
出して，その領域を市場機会と捉えるものです。

　「4P／4C」は「マーケティングミックス」とも呼ばれていて，4Pは売り

【よく使われるフレームワーク】

マーケティング	STP分析
	3C分析
	4P／4C分析
外部環境分析	5フォース分析
	PEST分析
内部環境分析	バリューチェーン
	VRIO分析
	SWOT分析
戦略	競争の基本戦略
	アンゾフの成長戦略

中級編

手の視点で製品（Product），価格（Price），プロモーション（Promotion），流通（Place）の各々について強みと弱みを分析する手法です。

　一方で，4Cは買い手の視点で，顧客価値（Customer Value），顧客が負担するコスト（Customer Cost），顧客とのコミュニケーション（Communication），顧客の利便性（Convenience）について，4Pによる企業の強みや弱みがどのように顧客のベネフィットやディスアドバンテージにつながるかを分析する手法です。

　次に外部環境分析では，5フォース分析やPEST分析などがあります。

　「5フォース分析」とは，業界内の競合・新規参入の脅威・代替品の脅威・売り手・買い手の5つから機会と脅威を整理するものです。

　「PEST分析」とは，政治（Politics），経済（Economy），社会（Society），技術（Technology）の4つの要素の頭文字を取ったもので，自社のビジネスに影響を及ぼす可能性のある外部環境の変化を分析するフレームワークです。

　続いて内部環境分析では，バリューチェーン，VRIO分析，SWOT分析などです。

　「バリューチェーン」とは，組織・経営・経理・人事労務・営業・製造・店舗など，企業のさまざまな機能で強みと弱みを分析するものです。

　「VRIO分析」とは，経済的価値（Value），希少性（Rareness），模倣可能性（Imitability），組織（Organization）の4つの視点から自社の優位性や経営資源を把握するものです。

　「SWOT分析」は，会社の内部環境の強み（Strength），弱み（Weakness）と，外部環境である機会（Opportunity），脅威（Threat）を分析して整理するフレームワークです。

　さらに戦略面では，競争の基本戦略やアンゾフの成長戦略などがよく知られています。これらは中長期的視野でものごとを思考する「長さ（奥行：時間軸）」の思考です。

　「競争の基本戦略」は，競合他社に打ち勝って競争優位性を築くための経営戦略論です。「コスト・リーダーシップ戦略」「差別化戦略」「集中戦略」の3つがありますが，企業戦略では主に商品・サービスの差別化を図り，ターゲット顧客に集中する「差別化集中戦略」が取られます。

　「アンゾフの成長戦略」は，「アンゾフの成長マトリクス」「成長ベクトル」など呼び名はいろいろとあります。製品と市場の二軸から成長戦略を4つに分類して「市場浸透戦略」「新市場開拓戦略」「新製品開発戦略」「多角化戦略」で構成されています。

　このように分析の切り口としてのフレームワークは世の中にあふれているため，活用する場面に合わせて適切なフレームワークを選択することが大切です。

4-2　フレームワーク活用時の問題点

　前項で紹介したさまざまなフレームワークは比較的よく使われるものですが，実際にはうまく使いこなせていないケースをよく見かけます。

　それは「フレームワークは情報を入れたら自動的に分析されるというマジックボックスである」と考えて使っている人が多いということです。

　つまり，フレームワークの枠に情報を入れさえすればよいと考えてしまっているのです。そのため，膨大な情報から直接フレームワークの各項目に関連する内容を機械的に入れるという「作業」に陥るケースが多いのです。

　フレームワークの各項目に情報を入力しただけのものは，単に「情報整理」されただけであり，「分析結果」ではありません。

　そのため，「問題点は何か，その真の原因は何なのか，強みはどこにあるのか」という分析結果が不明確なままです。思考だけでなくフレームワークを活用する場合でも，当てはめ思考に陥ってしまっているのです。

　前項で説明したとおり，フレームワークは「分析の切り口」であり，単に「情報」を項目に入れるのではなく，「分析結果」を項目ごとに整理しなければなりません。

　そのため，フレームワークの各項目を切り口として，各項目で現状把握を行います。そして，問題点・強みを発見して原因や真の強みを究明するという課題解決思考を使って分析を行うのです。

　その分析結果を各フレームワークに整理するのです。

　整理された分析結果があれば，今後の方向性や具体策といった解決策が検討しやすくなります。つまり効果的に思考できているのです。

　例えば，SWOT分析を活用する際，いきなり強みや弱みなどに情報を入力するだけでは，適切な問題点や強みを見出すことはできません。

　SWOT分析は会社の経営を分析する際に使われるケースが多いため，バリューチェーンを使って経営・組織・営業・製造といった各機能に分解して分析することが必要です。

　3C分析でも，自社の強みや弱みを抽出するためには，バリューチェーンで機能分解して，各機能について自社の分析を行う必要があります。

　また，顧客ニーズについてもそのまま思いつきで入力するのではなく，例えば，サービス業であれば①申込時，②来店時，③待ち時間，④サービス開始前の事前対応，⑤サービス提供時，⑥サービス提供後，⑦帰り際，⑧サービス外のアプローチというように顧客フローで要素分解して細かく抽出すれば，より有効なマーケティング活動につなげることができます。

　その他にフレームワークをうまく活用できていない要因があります。それは「さまざまなフレームワークを使うことが優れた分析である」という誤った認識で，多くのフレームワークを乱用しているケースです。要するに活用することが「目的化」してしまっているのです。

　分析の目的はさまざまで，例えば，マーケティングでは「ターゲット顧客の明確化」や「顧客別の嗜好の傾向の解析」などがありますが，思考面では課題を抽出すること，つまり問題点と強みを抽出することが目的である場合が多いです。

　そして，分析結果を踏まえることで，問題点をどのように解決するか，真の強みをどのように高めて浸透させていくかということにつなげることができるのです。

　そのため，分析するには課題解決思考がベースとなり，基本的なフレームワークを活用していれば十分です。無理に多くのフレームワークを使い回す必要はありません。

　また，フレームワークを活用する場合，「どのような分析結果が必要か」という観点でフレームワークを選択することが重要です。そうすれば，分

【フレームワークの活用方法（「情報の当てはめ」と「分析結果」）】

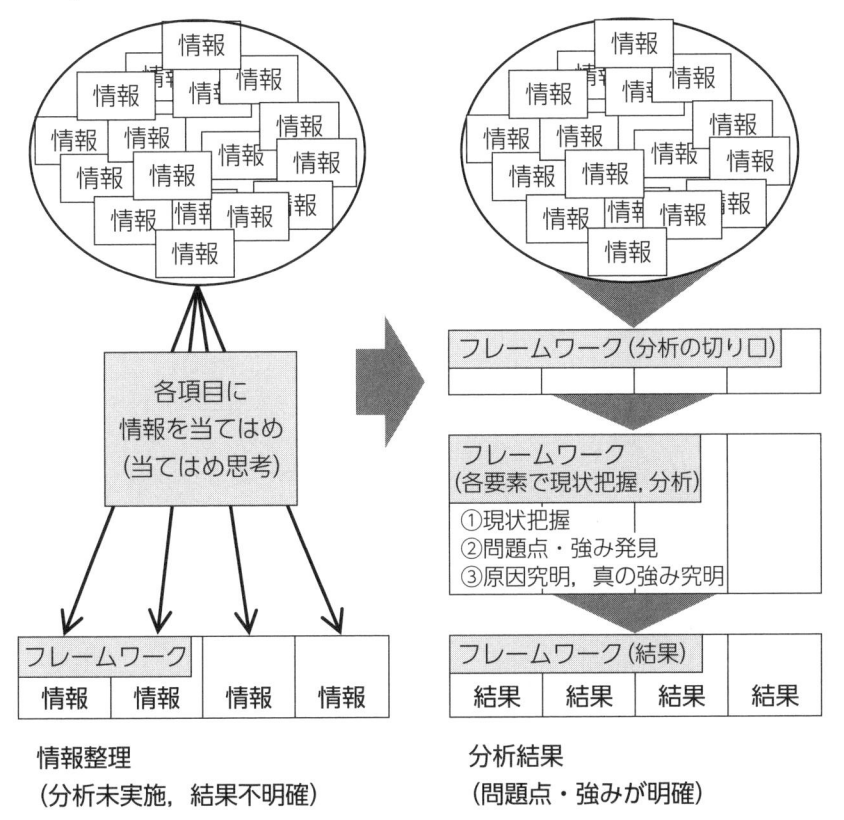

析の内容で適切なフレームワークを選択することができますし，フレームワークにこだわることなく，状況に合わせた分析手法を行うことができるようになります。

「ロジックツリー」と課題解決思考の組み合わせ

　ロジックツリーは「ロジカルシンキング」「論理的思考」「問題解決思考」など，思考に関する書籍や研修で多く取り上げられています。広範囲な情報を要素分解できるため，効率的に分析を可能とする有効なツールであるといわれています。

　「ロジックツリー」とは，問題をツリー状に分解し，その原因や解決策を論理的に探すためのフレームワークで，事象をツリー状に，大項目から小項目に分解して階層化していくものです。

　要するにロジックツリーは「要素分解」のためのフレームワークです。

　ロジックツリーを使う際に注意すべき点があります。それは，ロジックツリーで問題点の真の原因を究明することは困難だということです。

　例えば，次の図のように，これまで事例として取り上げてきた「営業成績悪化」という問題点についてまとめてみました。

　図のとおり，ロジックツリーを使って考えられる原因を分解しようとしても，考えられる要素の数は膨大で，その原因はその会社や営業担当個人によってさまざまであるため，分解することが困難なのです。

　具体的には，営業成績悪化の要因を要素分解する場合，顧客と信頼関係が厚い営業担当が地方転勤によって担当から外れたことが原因かもしれません。大口顧客の突然の戦略や方針の変更で他社の商品に切り替えられたかもしれません。また，優秀な営業担当が上司との軋轢で別部門に飛ばされて新規顧客の開拓数が大幅に落ち込んだのかもしれません。

　このように，企業や営業担当個人特有の要因は多岐にわたるため，要素を分解するのは困難なのです。

　問題点の真の原因は，その企業や人の個別の要因であることがあり，前もって要素分解できるものではありません。そのためロジックツリーで問

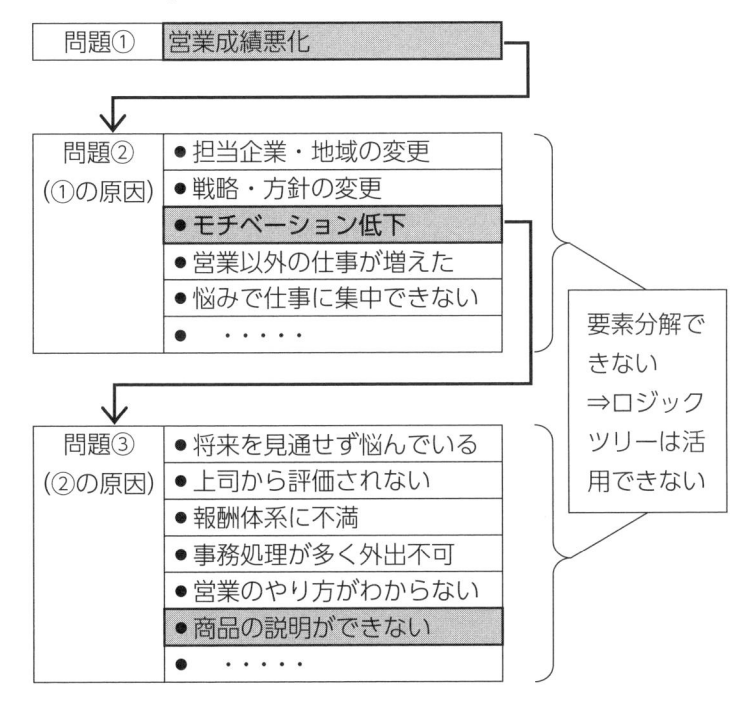

【ロジックツリーによる要素分解の限界】

題点の真の原因を究明するのは難しいことがわかります。

　そこで，ロジックツリーと課題解決思考を組み合わせることで，大局的な分析を効率的に行うことができます。つまり，ロジックツリーで要素分解を行い，分解した各要素で，課題解決思考で詳細な分析を行うのです。

　例えば企業全体を分析する場合，まずはバリューチェーンで「経営」「営業」などの機能別に分解します。しかし，会社の機能別に分解しただけでは細かい情報を得るのが困難であるため，さらにロジックツリーで各々の機能について要素分解を行います。

　具体的には，「経営」について要素を分解すると「経営の基本事項」「戦略・戦術」などに要素分解ができ，さらに「ビジネスモデル」「経営理念」などに要素分解します。これ以上分解することは難しいため，ロジックツ

【ロジックツリーによる要素分解と課題解決型思考】

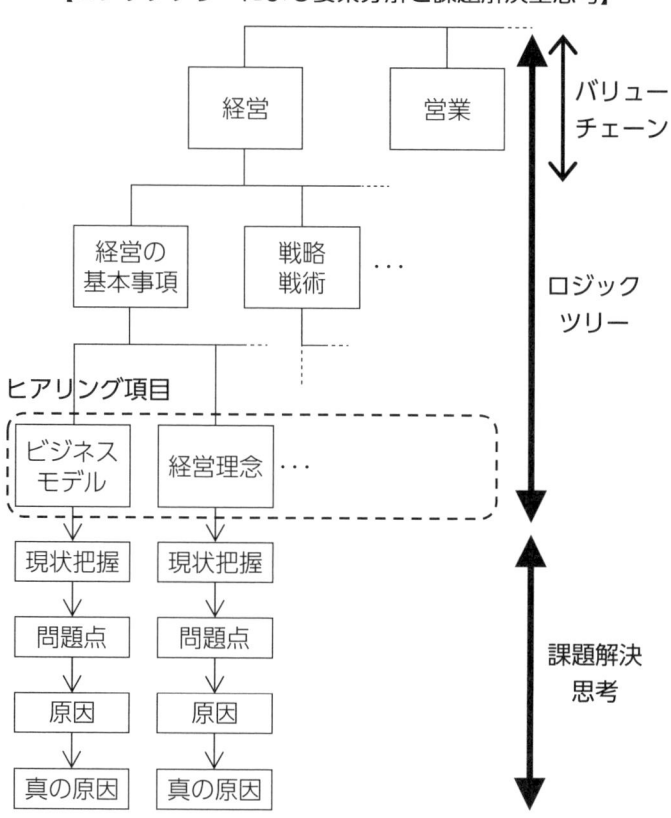

リーの役割はここまでです。

　それ以降は，要素分解された各項目で，課題解決思考でヒアリングして分析していくわけです。こうすれば，各要素に関する会社の個別の問題点や原因，真の強みを細かく抽出することが可能になります。

　4-1 で「フレームワークは分析の切り口」と伝えましたが，このようにフレームワークの各項目をロジックツリーで詳細に要素分解を行います。そして，分解された各項目について課題解決思考でヒアリングを行って現状把握や問題点・強みを抽出します。これらの分析を行うことで，幅広い領域の情報でも漏れなく深く分析することができるようになるのです。

4-4 「PDCA」「トライ＆エラー」と課題解決思考の組み合わせ

「PDCA」とは，計画（Plan），実行（Do），検証（Check），改善行動（Action）の頭文字を取った略語で，業務改善や品質改良を目的としたフレームワークです。

PDCAは，これまで紹介した「思考の切り口」となるフレームワークではありません。PDCAの4つのステップを順番に繰り返し，継続的な改善を促すことで，経営や製品の品質を高めたり，パフォーマンスを最適化するために活用するものです。

「PDCAを回す」「PDCAサイクルを回す」というような言い回しで，経営や各業務でよく活用されるもので，個人が成長するためにも有効に活用できます。

例えば，経営でPDCAサイクルを回す場合，主に毎月の経営会議の中で，次のとおり実施することが望ましいといえるでしょう。

まず，計画（P）として，毎月の売上目標（計画値・予算）と，実現するための施策を構築します。そして，各月でその施策どおりに実行（D）します。翌月の経営会議では，試算表などで，前月のPLの実績と，前年同月実績と計画値（予算）との比較を行います。このことを「予実管理」といいますが，これにより前月の収益状況を出席者全員で共有することができ，全員が数値面で現状把握を行うことができます。

次に現場の現状把握です。今月の実績が赤字であったり，予算が未達であったりした場合，これが問題点になります。原因は現場の施策にあるため，なぜ赤字になったのかを現場から探っていきます。

例えば，ある月の実績が計画値を大きく下回っており，それは新製品の

売上が計画値を大幅に下回っていることが要因であったとします。そこで計画値を下回った要因を現場から探っていくと，営業ツールが完成しておらず，営業担当が新製品の営業活動をほとんど実施していなかったことが判明しました。これが真の原因であることが想定されます。

このように予実管理と現場の振り返りを行うまでが検証（C）です。

そこで，改善策として，早急に新製品の営業ツールを作成し，営業部に新製品の営業活動を強化するように指示を出しました。これが改善行動（A）です。

これにより，営業ツールはすぐに完成し，営業担当は新製品の営業について積極的に行うようになりました。

さらに翌月の経営会議で，前月の改善行動である「営業ツールを活用した新製品の営業活動の強化」という計画（P）とその実行（D）の結果の検証（C）を行うという具合に，PDCAを毎月回していくのです。

こうしてPDCAを回していけば，リアルタイムで現状把握と問題点，顧客ニーズを把握して，問題解決や顧客ニーズへの対応といった，収益や企業価値を高める活動を迅速に行う体制を構築することができるわけです。

ただし，PDCAには注意点があります。その1つは，「P：計画」や「C：検証」が十分に吟味されず，大雑把に実施される場合が多いということです。

PDCAサイクルのポイントは，実行した結果を振り返って検証して改善につなげることです。つまり，しっかり吟味した計画を策定し，計画どおりに行動して，その活動状況を振り返って現状を把握し，問題点があれば原因究明をして改善策を構築していきます。しかし，その計画が，実行可能性の低いものであったり，適当に作成したものであったりすれば，振り返りで何が問題だったのか，その原因は何かを究明することが難しくなります。

　例えば，先ほどの例では，そもそもの予算が，現場をよく知らない上層部からの指示によるもので，到底達成できないような高いハードルであったとすれば，当然，予算達成は困難であるため，予算が未達の原因を現場の中から究明することは難しくなります。

　また，新製品がそれほど売れるようなものでないにもかかわらず，大量に売れるような計画を立ててしまったら，計画未達成の原因を究明することはできません。双方とも，そもそもそれほど売れないものなので計画自体がおかしいという結論になり，PDCAが有効に機能しなくなります。

　こうしたPDCAが回らない状況は芳しくありませんが，実はこうした例はまだマシです。実際には，計画を立てずに問題が発生しても放置されたり，経営が悪化していても問題点や原因を探ろうとしなかったりするケースが非常に多いのが現状です。

　このように，多くの場合でPDCAの計画と検証に不備があり，PDCAをうまく回せていない場合が非常に多いのです。

　こうした状況に陥らないよう，PDCAを効果的に回す方法が，PDCAと課題解決思考を組み合わせることです。具体的には，PDCAの計画（P）と検証（C）について，課題解決思考を使って吟味する方法になります。

　例えば，先ほどの例で，予算を策定する際に，会社の問題点を改善し，強みを活かした施策を構築します。そして，自社の経営資源を踏まえて実行可能性のある計画値を策定します。そうすることで，営業部にとって単なる「数字としての予算」ではなく，「達成すべき予算」になります。そして，PDCAが機能的に回るだけでなく，営業部全体の士気を高めることにつながるのです。

　PDCAと課題解決思考は別々の要素のように考えてしまいがちですが，このように密接につながっていることを理解してください。

　その他，「トライ＆エラー」について見ていきます。

　トライ＆エラーは，仕事に限らず，何かに取り組む際によく使われるフレーズです。実際に大きな成果を挙げた人で，トライ＆エラーの重要性を主張する人は大勢います。

　しかし，トライ＆エラーを文字通り解釈すると，「いろいろと試してみて，失敗したら改善する，を繰り返す」ということであり，つまり「考える前に，とりあえず行動しよう。そして失敗したら見直そう」という意味として捉えることができます。

　しかし，何も考えずに行動してしまうと，行動の精度は高まらず無駄な行動が増えることになり，エラーの頻度が増えてしまいます。そのため多くの無駄な時間と労力がかかって非常に効率が悪くなります。特に，設備投資など多くのコストがかかる場合では，一度の判断ミスが致命的なエラーにつながり，立て直すことができなくなる場合もあります。

　成果を出すためには行動しなければなりません。しかし「何も考えずにやみくもに行動する」ことは，決して成功への近道ではないのです。

　そのためトライ＆エラーで実際に成果を出している人は，何も考えずに行動しているわけではありません。トライすることの重要性を周囲に促すなどの目的でこのフレーズを使っているだけで，実際には，トライする前に目指すべき方向性と具体策を吟味しているものと考えられます。

　トライ＆エラーをよく耳にするのは，例えば飲食店のメニュー開発があります。顧客に何が受け入れられるかがわからないため，とりあえずいろいろとメニューの開発を試してみる，というものです。ただし人気店では，例えば「魚料理が人気なので，焼き魚定食のメインの魚は，普通より大きめで厚めのものを選ぼう」「女性客が多いので，カロリー控えめで栄養のある野菜たっぷりのメニューを開発しよう」というように，事前に吟味（計画）して開発しているところが多いでしょう。

その他，SNS動画の発信では何がバズるかがわからないため，「数うちゃ当たる」で手あたり次第に発信するケースが多く見られます。ただ，バズる動画の特徴は「共感」「ギャップ，意外性」「かわいい」「課題の解決」などが挙げられ，これらのキーワードを踏まえて発信内容を検討（計画）する必要があります。また，SNSを会社のマーケティングに使用するには，「自社の価値を発信する」という目的に沿って，これらのキーワードを活用することが大切です。

中級編

【トライ＆エラー，PDCAと課題解決思考の関係】

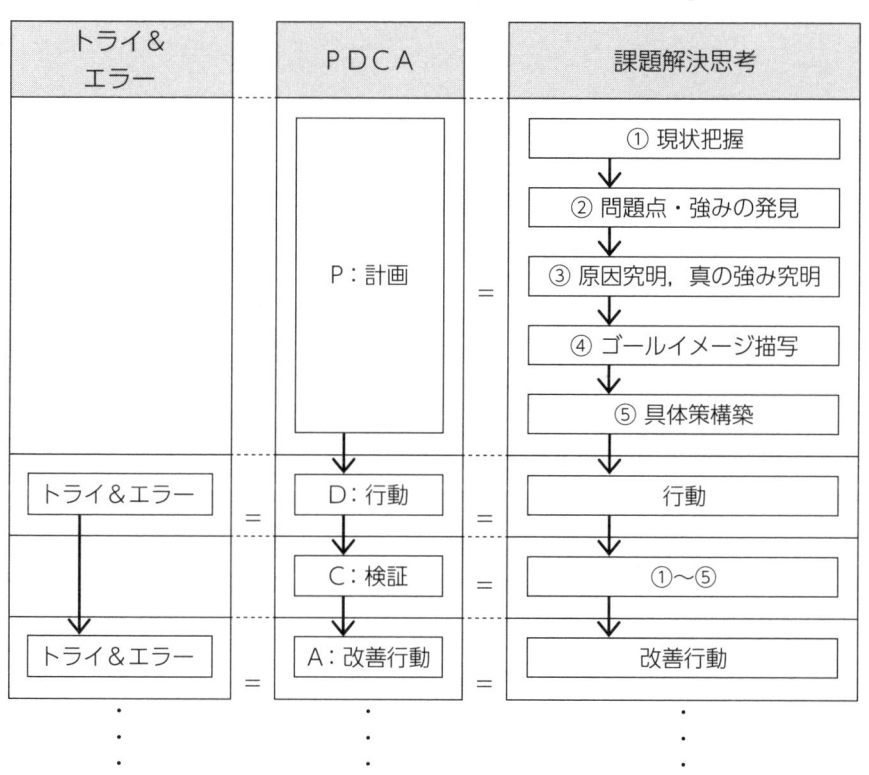

II　中級編／第5章

課題解決力を向上させる
「実践スキル」と
「思考力アップ三法則」

5-1　プロはゴールイメージ（戦略）より具体策（戦術）を磨き上げる

　アバウトではありますが，ゴールイメージは「戦略」で，具体策は「戦術」と言い換えられます。**2-8** のゴールイメージのところで「真の原因を究明すればゴールイメージは自然と描ける」と伝えました。しかし，ゴールに到達するためには効果的かつ実行可能性のある「戦術」が必要になり，その戦術を構築するためにはさまざまなノウハウが必要になります。

　経営では「戦略のほうが戦術より重要である」といわれます。これはそもそも戦略という方向性が誤っていれば，いくら戦術を講じても成果が出せないからです。

　世界に進出する企業や戦略系コンサルタントによる戦略構築では，関連する業界動向や世界の競合他社の詳細な分析が必要で，また，各国の政治状況や宗教・民族，インフラ環境などの情報も必要になります。こうしたさまざまな外部環境の分析結果を踏まえて戦略を構築する必要があるため，戦略構築は極めて重要で，かつ難易度が高くなります。そのため戦略は戦術より重要であることに異論はありません。

　ただし中小企業向けのコンサルティングでは，実務では方向性を描くのはそれほど難しいものではありません。方向性は，成功している同業他社の戦略などを模倣すればよい場合が多くあるため，多くの経営者やコンサルタントが正しい方向性を導くことが可能です。

　しかし，戦略に沿った成果を上げるには，自社の経営資源や顧客状況などを踏まえた戦術レベルの具体策を構築する必要があり，さまざまなノウハウが必要となります。そして，この戦術こそ，多くの現場で求められるスキルといえます。

　世の中のさまざまな課題が解決しないのは，戦略面よりも，「どうすれ

ば改善するか」という戦術面の具体策で失敗しているケースが多いのです。

　例えば，売上向上を目指すクライアントにコンサルティングを行う際，クライアントがこれまでの顧客データを活用していない場合，コンサルタントは「顧客データを活用しましょう」という方向性を提案しますが，これは容易に思いつきます。しかし，その顧客データをどのように活用して売上を上げればよいかという施策まで踏み込むことは稀です。

　クライアントから「どうすればよいのか」と尋ねられても，コンサルタントが「それは社長が考えることです」と返すケースをよく聞きます。これは「答えを言った社長は考えなくなる」というおかしな理屈からであり，実際には彼らにノウハウがないだけです。

　なお，「答えを出さない＝社長に答えを出させる」という手法は，コーチングやカウンセリングで活用するものです。

　コーチングは，本人特有の感情や思考を行動に変えることで，目標達成や自己実現を目指すために利用するサービスです。相手に気づきを与えて，具体的なアクションを教えるよりも，本人が進むべき（進みたい）方向性を導くための支援を行います。つまり，対象は個人であり，答えは本人が持っているので，コーチ自身が答えを出さないのです。

　一方，コンサルティングは，企業の経営者などが，経営や事業，業務などについて改善したい課題について，診断・助言・指導・提案を受けるために利用するサービスです。企業の戦略と戦術，アクションを変えて課題を解決したり，価値を高めたりすることが目的になります。

　つまり，対象は社長個人ではなく企業や事業内容であり，解決策は専門性が高く，社長自身は答えを持っていません。答えを持っていない相手に答えを出すよう促したところで，効果的な答えを導き出すことはできません。近年，コンサルティングとコーチングを混同するケースが見受けられますが，まったく別物です。

　こうしてクライアントは，営業や販促，マーケティングやブランディングといった売上アップのノウハウを持たない中で試行錯誤して実施します。しかし，結局は一定のコストをかけてもそれを回収するだけの収益が得られないという結果になるケースが多いのです。

　例えば，顧客データの会社にチラシを一斉に郵送したりポスティングを行たりしても，ほとんど問い合わせがなかったり集客につながらなかったりするケースを非常によく聞きます。

　この要因は，主に2つ考えられます。

　1つはチラシのコンテンツが乏しいことです。単に製品やサービスをアピールしただけでは，同業者が溢れかえっている昨今では効果は期待できません。

　効果的なコンテンツにするには，課題解決思考で真の強みを究明し，その強みと顧客の悩みを解決するベネフィットをしっかりとアピールすることが重要です。

　そして，もう1つの要因が施策の問題です。顧客データすべてにやみくもにチラシを大量発信するだけでは不十分で，一斉送付にあわせて個別営業を加えるなど，顧客を獲得する「施策の設計」を立案することが必要です。

　成果を出すには，「コンテンツ作り」や，営業・販促・マーケティング・ブランディングを融合して施策を構築する「プロセス設計」など，さまざまなノウハウが必要になり，それには専門家の高い知見が必要です。そのため，単に戦略や方向性といった曖昧な提案だけでは不十分なのです。

　なお，専門コンサルタントであれば具体策を提案しますが，これは **2-5** のコンサルタントの事例に示したとおり，自身の手法をパッケージ化して不特定多数に当てはめているケースが多いのが現状です。相手に合わせてカスタマイズした適切なものではありません。

　これを製造業で言い換えれば，バブル崩壊以前の大量生産・大量消費と

いう「作れば売れる」時代の施策であり，ニーズが多様化してワンツーワンマーケティングが重要となった現在には適合しません。

　例えばホームページ専門業者では，基本の支援内容は，「①同業他社と同様のコンテンツの作成」「②洗練されたデザイン」になります。さらに追加の大量のコストをかければ，ドメインパワーを高める方法として「③大量のブログの作成の支援」が受けられる場合があります。

　しかし，コンテンツが不十分であれば，ホームページ来訪者に自社の強みや価値をアピールすることはできません。

　さらにドメインパワー向上のための大量のブログ作成は膨大なコストがかかり，資金の乏しい中小企業や個人事業主では困難です。またブログを作成する業者はその業界の素人であり，内容は極めて一般的なものになるので，ブログで差別化を発信するのは難しいのです。単にドメインパワーを上げてSEO対策を行うことが目的になり，集客できるのが低価格志向の顧客が中心となって，自社の価値を認めてくれた良質な顧客を獲得するのが厳しくなります。

　このように実際のコンサルティングでは，方向性（戦略）の提案のみで，具体策（戦術）はクライアント任せというケースが多いです。顧客が求めているのは自身に合わせてカスタマイズした具体策なのにです。

　このノウハウが，次項で説明する「実践スキル」であり，これを磨き上げることが重要です。すなわちコンサルティング業界というのは，未だに顧客ニーズに対応しきれていないのが実態なのです。

中級編

5-2　課題解決力を向上させる「実践スキル」

　本項では「実践スキル」について解説していきます。

　実践スキルとは，現場で活用できる知識やノウハウのことです。あくまで現場で活用できるものであり，単に知識として習得した専門用語や固有名詞は実践スキルではありません。

　そして，内容がより緻密で専門的になるほど，実践スキルが必要になってきます。課題解決思考を習得し，この実践スキルを豊富に身につければ，仕事の質とスピードが一気に高まります。

　課題解決思考の前半は「①現状把握，②問題点・強みの発見，③原因究明，真の強み究明」であり，ヒアリングなどによって情報を収集します。つまりインプットです。

　後半の手順は「④ゴールイメージ描写，⑤具体策構築」であり，相手への提案内容になるため，アプトプットになります。

　つまり①〜③で収集した情報をもとに，④・⑤の提案を行うのです。

　そして，提案を行うためには，現場経験などで培って脳内に蓄積されたさまざまな知識やノウハウを活用します。

　このように現場で活用するための実践的な知識やノウハウを，私は「実践スキル」と呼んでいます。

　3-2 で「思考はさまざまな情報を脳内でリンクさせて行うもの」とお伝えしたとおり，最適な解答を導き出すには，外部から収集した情報を，脳内のさまざまな情報と連結させなければなりません。

　そのため実践スキルは，単に教科書や参考書を丸暗記したものではなく，ビジネスの実践で活用できるノウハウである必要があります。

　この実践スキルを豊富に保有していれば，理解力が高まって現状把握力が向上するだけでなく，さまざまな場面で質の高い，相手に最適な提案を

することが可能になります。

　課題解決思考の「④ゴールイメージ描写」「⑤具体策構築」で質の高い答えを導き出すためには，実践スキルが重要な役割を果たします。

　ビジネスパーソンやコンサルタントのレベルを判断する最も重要な要素が「分析力」と「提案力」です。分析力は，課題解決思考の前半①〜③のプロセスで実施するもの，提案力は後半の④・⑤で行うもので，成長してレベルアップするためには，分析力とあわせて，さまざまな経験を積んで実践スキルを高めていき，提案力を向上させていくことが必要です。

　一方，実務経験が浅く，実践スキルが乏しければ，質の高い提案をすることが難しくなります。

　いくら知識が豊富で難しい用語をたくさん知っていても，それらは机上のものです。ゴールイメージや具体策を構築するために活用できる実践スキルでなければ，仕事に活用できる知識ではないため提案力を高めることはできません。

　前述のとおり，知識の量や学歴，資格，IQなどは，必ずしも「仕事ができる」ことに関係はしないのです。

【課題解決思考と実践スキルの関係】

課題解決思考

実践スキル

① 現状把握

② 問題点・強みの発見

③ 原因究明

④ ゴールイメージ描写

⑤ 具体策構築

中級編

【プロには実践スキルの蓄積が必要】

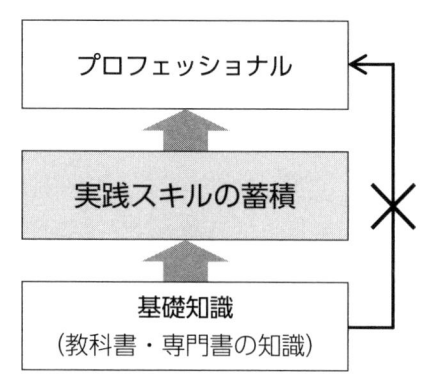

　ここで，コンサルタントが抱える大きな問題があります。

　それは，コンサルタントは知識が豊富である反面，本来必要といえる実践スキルが不足しているケースが多いということです。

　コンサルタントは資格の勉強で豊富な知識を保有していたり，さまざまな研修やセミナー，書籍などで新たな知識を習得しようと努めたりしています。ただし，それらは単なる「知識」にとどまってしまい，「実践スキル」に昇華できていないケースがたくさんあります。これは知識を習得することが目的になってしまい，実務での活用を想定できていないことが原因です。

　私が経験したコンサルタント同士の議論でも，知識が豊富であるが故の，思い込みの主張や知識の誇示の場に陥って議論が進まず，一向に解決策に到達しない状況になるケースが度々ありました。

　コンサルタントは，多くの専門知識を持つ半面，知的に見られなければならない，否定されたくないという傾向があります。

　そのため，現状把握が不十分な中でも，自身の限られた知識の中から主張し，自身の意見を変えられずに，こうした状況が起きてしまうのです。

　つまり，考えが足りず，視野が狭く，考えが浅くなる，ということが要

因になります。

　本質的議論とは，課題は何かを明確にし，ゴールを明らかにして，ゴールに向けた解決策を吟味することです。しかし，その本質的議論が行われないケースが多いのです。

　なお，議論というのは一般的に知識や経験が豊富な人間の意見が通りやすくなると伝えましたが，特にコンサルタントの議論ではその傾向が顕著に表れます。なぜなら，経験の有無で知見の差が大きくなり，かつ経験豊富な人材が少ないためです。

　しかしながら，もしその経験豊富なコンサルタントが誤った方向の意見を主張してしまうと，本質的な議論が行われないまま間違った提案をすることになってしまうのです。

　一定の経験をしたコンサルタントでも，当てはめ思考の提案でミスリードするケースは意外に多いのです。

　また，近年よく見かけるのは，研修やセミナーなどで身につけたことをSNSでアップするという行動です。新しい知識や用語を習得し，それを皆に知らしめることで承認欲求を満たして満足するケースが多いように私は感じます。

　研修自体も，単に受講生の満足度を高めることを追求するような「エンタメ的要素」を織り込んだものが人気です。出席者の満足度は高まったとしても，受講生の成長に寄与するとは限りません。

　本来，良質な研修かどうかの見極めは，実践で活用できる「ノウハウ」をどれだけ習得できるかを最も重要な判断基準とするべきです。しかし，受講生全員が自身の成長を目的としているわけではないため，それ以外の要素ばかりが求められているように思えてなりません。

　こうした状況に陥らないためには，自身のスキルアップを目的とし，知識を実践スキルにつなげる意識を持つことが大切です。

　新たな知識を実践スキルにする方法は，やみくもに知識を吸収するのではなく，自身の仕事に関係する知識を重点的に学び，知識と現場の状況を紐付けて覚えることです。

　具体的には，現場の業務を実施する中で知識が不十分であると認識した課題や，業務のスキルを高めるために必要と感じた課題について補習する，あるいは高めるために，書籍や研修を活用して習得することです。

　そして，新たな知識を使って現場でどのように活用するかを頭でイメージします。

　コンサルティングの場合は，実践の中で問題解決思考で取り組むことで，さまざまな気づきを得ることができます。現場の実践での気づきはそのまま実践スキルにつながるケースが多いため，スキルアップには非常に有効です。

　ただし，課題解決思考で踏み込んだ支援を行うのではなく，当てはめ思考で提案するなど表面的な対応では成長は望めません。

　なぜなら，コンサルティングの現場が単に知識を披露する場になってしまい，いくらコンサルティングの経験を積んでも気づきを得ることがほとんどできないからです。コンサルティングの現場が「思考」の場ではなく，単に知識を提示するだけの「作業」の場になっているのです。

　なお，ノウハウというのは，自分で使えるようになれば自身のスキルになります。つまりノウハウは，実は「知っているか知らないか」だけの話なのです。

　そしてノウハウは，その道の専門家が長年かけて構築したものです。

　ノウハウを「構築する」には，膨大な時間と労力がかかります。そのため専門家でもノウハウをオープンにしない人がまだまだ多いのが現状です。

　ただ，知ることができれば，後は本人が実践で試してみて「使える」ようにすればよいだけで，それで「ノウハウ」を「スキル」に昇華すること

ができます。それには，多くの時間や労力はかからず，短期間で効率的にレベルアップすることが可能になるのです。

8-6 で明記しますが，その道のプロが執筆したビジネス書は，手軽に低価格でさまざまなノウハウを習得することができるため，仕事や個人のレベルアップのための最高の教科書であるといえます。

また，かつては，寿司職人が一人前になるのに5年か10年かかるといわれていましたが，近年は数週間程度の育成期間で一定の寿司を握れるようになっています。

以前は寿司屋といえば専門店が主流で，寿司職人は師匠と弟子の関係で成り立っていたのですが，「技は盗め」という師匠の方針によって弟子は皿洗いなどの雑用ばかりやらされていたため，一人前になるために膨大な時間を要していました。

しかし，回転寿司という業態が登場して寿司職人の需要が急激に増加したことで，職人技のノウハウを育成するしくみが会社単位で構築されたため，短期間で大量の一人前の寿司職人が誕生したのです。

このように，会社で社員を一気にレベルアップするには，マニュアルやOJTで徹底的にノウハウを伝えて一気に実践スキルを習得できるようにすればいいのです。

そのためには，誰でも実施できるよう再現性のあるノウハウを体系化することが重要です。

膨大かつ複雑な情報の思考テクニック「思考力アップ三法則」

　これまで説明してきた「課題解決思考」と「実践スキル」を磨き上げることによって，仕事のスピードと質を上げることができますが，さらに双方を一気にレベルアップする手法があります。

　それが「思考力アップ三法則」で，次の3つの法則です。

① 作業と思考の分離の法則
② 情報整理・見える化の法則
③ 集中整理・一覧性の法則

　思考力アップ三法則は，**3-3** で示した，情報量が膨大かつ複雑で，思考の範囲が広く，課題解決思考の難易度が高まるような，当てはめ思考に陥りやすい場合に，思考の質とスピードの両面で，極めて高い効果を発揮することができます。

　仕事をしているとさまざまな問題が発生しますが，業務の中で発生する問題は「仕事でミスをした」「クライアントからクレームが入った」など，問題が1つに特定されるケースがほとんどです。複数同時に発生する場合もありますが，仕事で発生する問題点は多くの場合，1つの問題に対して課題解決思考で解決することができます。

　また「仕事のスピードが遅い」というような日常的な悩みであったとしても，その原因が「パソコンの入力が遅い」という問題点であった場合，さらに掘り下げて「ブラインドタッチができない」という真の原因が特定できます。

　なので，「ブラインドタッチを習得する」というゴールイメージから，「ブラインドタッチのソフトを使って出勤前の30分間毎日練習する」とい

う具体策を構築すればいいわけです。

　しかし，対象となる範囲が広い場合は情報が膨大になり，これらを全体的かつ詳細に処理しなければならない場合があります。

　つまり，さまざまな問題点や強みを同時に取り扱う必要があるのです。

　例えば，会社経営や事業部全体を統括する場合，あるいは経営全般を支援・改善する経営コンサルティングなどは，企業や事業の価値を高めるために，会社全体のさまざまな機能に関する問題を一気に改善します。そして，いろいろな強みを踏まえてマーケティング活動やブランディング活動を実施したりするのです。

　また，過疎や経済低迷地の地方を再生して「町おこし」を行う場合，自治体などいろいろな団体と連携しつつ，その地域のさまざまな問題解決や強みの活用で景気を良くし，地域を活性化することが求められます。

　その他，会社員でもプロジェクトを任された場合は広範囲な情報を取り扱う必要があり，設計や運営の中でさまざまな問題点が発生しても，迅速かつ的確に対処することが求められます。

　また，資格試験などの文章問題において，文章問題の与件文のあちこちに解答の要素が散りばめられています。大量の文章の中からさまざま解答の要素を見出して，必要な要素をすべて織り込んだ解答の文章を作り上げる際にも効果的です。

　こうした情報が膨大で煩雑な場合など，あらゆる場面において，思考力を高めて効果的に課題解決思考を行うテクニックが，思考力アップ三法則です。

　この三法則は「ノウハウ」なので，すぐに実践できます。そしてこれらを実践すれば，仕事や勉強の質とスピードを急激に上げることができるため，短期間で成長することができます。

　次項から，各々について説明していきます。

中級編

5-4 思考力アップ三法則① 作業と思考の分離の法則

思考力アップ三法則の1つ目は「作業と思考の分離の法則」です。

[作業と思考の分離の法則]

- 人間は，作業と思考を同時にできない。
- 作業と思考を同時に実施しようとすると作業を優先してしまい，思考停止に陥る。
- 作業と思考を分離することで，作業を徹底的に効率化することが可能となり，思考に集中できるようになるため，作業と思考双方の質とスピードを高めることができる。

仕事が煩雑になるほど，業務の中に作業と思考が入り混じることが多くなります。

こうした状況の中で業務をそのまま進めていくと，作業は非効率で遅くなってミスも増え，思考の業務も十分に機能させることはできません。作業が繁雑だと作業だけに集中して思考停止に陥ります。そのため，業務全体の質とスピードは大きく低下します。

そこで，作業の業務と思考の業務を分離させて，作業は徹底的に効率化を図り，思考に集中できるようにします。これで作業は迅速に進み，集中して思考することができるため，作業と思考の双方の業務でスピードと質を向上させることができるのです。

例えば，提案書をパワーポイントで作成している場合，事前に「提案内容」と「構成」という思考業務を行わず，これらを考えながらパワーポイントの作成作業を行ったとします。個々の提案内容と全体の構成を考えるのに試行錯誤しながらパワーポイントの作成を行うという，作業と思考を

同時進行させるので，なかなか良い提案が浮かばず，記入と修正を繰り返すことになります。

　一方，作業と思考の分離の法則では，最初にブレインストーミングでアイデア出しを行い，絞り込んで提案内容というゴールを決定し，実現させるための具体的な施策（手順）を構築するという思考業務を行います。その上で，提案書（パワーポイント）に落とし込む作業を行います。そうすれば，提案内容構築という「思考」と，提案書作成という「作業」の各々を効率的に取り組むことができます。

　また，経営者が作成する事業計画（将来のPL）を作成する際，膨大な数字を作り上げる必要があります。非常に煩雑な作業になるため，多くの経営者やコンサルタントでさえも，思考停止になり，単に数字を調整するという作業に陥っているのが現状です。

　事業計画というのは，数字計画を策定する前に，思考を使って戦略と戦術を練り上げるもので，その施策を数字計画に落とし込むというステップを踏むことが大切です。しかし，数値面の計画策定という膨大な作業に追われてしまい，定性面（事業面）が疎かになるため，中身の乏しい，単に数字を調整した事業計画に陥ってしまうのです。

　このように，作業と思考を同時進行で業務を進めると，効率が悪く，成果物の品質も低下してしまいます。

　そのため，作業と思考の業務を分けて実施することが重要です。そして，作業については自動化，フォーマット化，手作業のデータ化など徹底的に効率化を図り，思考業務に集中できる環境を構築することが大切です。そうすれば，思考の質を高めることができ，提案内容や成果物の品質も向上します。

5-5　思考力アップ三法則②　情報整理・見える化の法則

続いて「情報整理・見える化の法則」です。

[情報整理・見える化の法則]

- 膨大で煩雑な情報を正確に理解するため，必要な要素を抽出してカテゴリー別や手順などに整えて，わかりやすいように整理する。
- 膨大で煩雑な情報も，整理して見える化すれば，正確に情報を理解することが可能となり，正しく思考（分析）することができる。

「整理」とは「不要なモノを廃棄して必要なモノだけを残す」という意味です。そして「情報の整理」とは，さまざまな情報から必要な情報だけを抽出したり印をつけたりして，すぐに必要な情報にたどり着ける状態に整えることです。つまり，情報整理・見える化とは，膨大で煩雑な情報から必要な情報を即座に目で確認できる状態にすることで，内容を理解しやすくすることです。我々は主に目で見て情報を把握します。聞くだけではすぐに忘れてしまいますし，他者と情報を共有することもできません。見えているから理解することができ，思考に活用できるのです。

もし，情報が煩雑な状態のままであれば，必要な情報をすぐに確認したり，理解したりすることができません。いちいち必要な要素を探し出すという無駄な作業が発生して，思考に集中できなくなってしまいます。

仕事で情報が整理されていないと，必要な情報を別のところから探して取り出す作業が発生します。これほど時間と労力の無駄はありません。必要な情報が整理されて見える化されていれば，無駄な作業は発生せず，頭も整理できて膨大な情報を迅速に理解することもできるようになります。

思考力アップ三法則③　集中整理・一覧性の法則

思考力アップ三法則の最後は「集中整理・一覧性の法則」です。

中級編

［集中整理・一覧性の法則］

> ● 人は何も見ずに考える場合，頭に浮かんだ1つの要素を展開・深掘りする思考はできるが，複数要素を同時に思考することは苦手である。
> ● 視野を広げ，複数の要素を同時に思考するには，必要な要素を一覧できるように集中的に整理して見える化する必要がある。
> ● 一覧表示された要素を見ながら思考することで，多くの要素を同時に思考することができ，視野を広げることができる。

3-4 の「思考に関するさまざまな問題」のところで，多くの人は視野が狭いという話をしましたが，それは脳がそもそもマルチタスクが苦手であることが要因です。しかし，この「集中整理・一覧性」のテクニックを使えば，誰でも視野を広げることができるようになります。

次のイラストの左側は，何も見ない中で思考しているイメージを表しています。腕を組んで上を見ながら思考していますが，人が考えるときによく見るポーズです。

こうした何も見ない体勢で考える場合，頭にある1つの要素，あるいはせいぜい2つの要素でしか思考することができません。

この場合，1つの要素について，深掘りしたり，発展させたりするような思考は可能です。しかし，複数の要素を同時に思考することは難しくなります。そのため，複数の要素で思考する必要があっても断片的で偏った思考に陥ってしまいます。

　一方，イラストの右側のように，思考に必要な要素が集中的に整理され
て一覧できる状態になっていれば，すべての必要な要素を見ながら思考す
ることが可能です。そのため，視野の広い大局的な思考ができるようにな
ります。さらに１つひとつの要素についてもきめ細かい思考を行うことも
難しくありません。

　つまり，集中整理・一覧性を実施することで，「全体設計」と「詳細設
計」を同時に行うことができるのです。

　会社を創業する場合や，会社の経営改善を行う場合，会社全体を設計す
る戦略と，個々の施策を設計する戦術を構築する必要があります。経営者
やそれを支援するコンサルタントには，こうした大局的な視野ときめ細か
な視点の双方が求められます。

　大企業の経営者は戦略だけで戦術は部下が構築してくれますが，中小企
業では部下が戦術を構築することは稀であり，実際に部下に戦術構築の指
示を出しても良い施策が出てくることはほとんどないのが現状です。

　会社を創業する場合，まず創業者自身が会社の戦略と戦術を構築するこ
とが必要になります。

【「思考力アップ三法則」と「課題解決思考」】

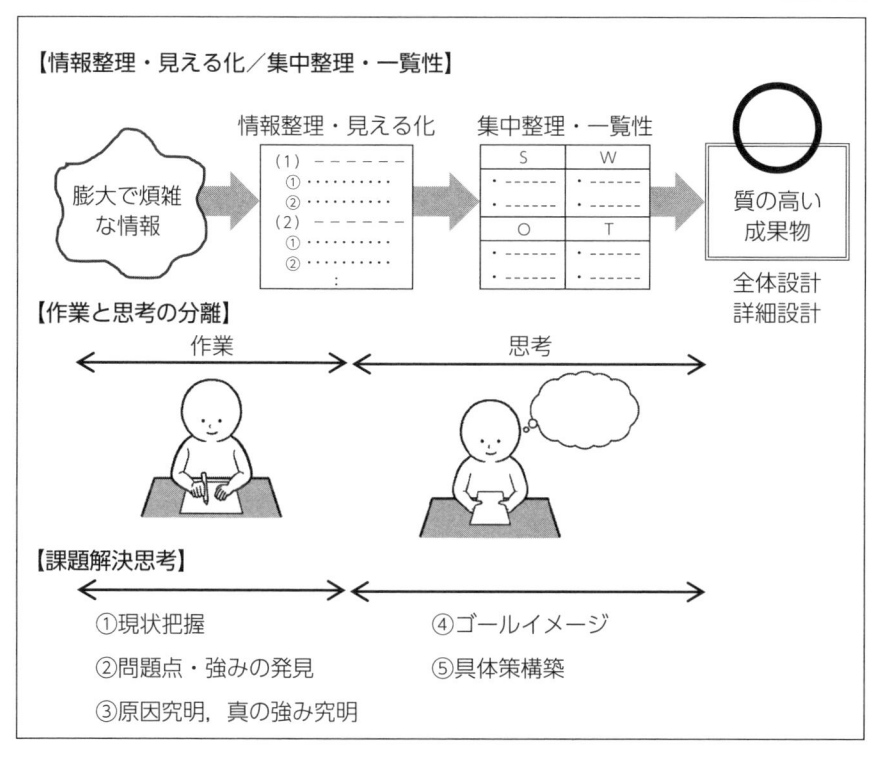

中級編

上の図は、膨大で煩雑な情報から成果物を作成する場合のプロセスを示しています。上段は情報から直接、成果物を作成する場合の図、下段が「情報の整理・見える化の法則」「集中整理・一覧性の法則」「作業と思考

の分離の法則」を活用した場合の図です。

　上段の図では，膨大で煩雑な情報の中から直接，成果物を作成しているため，作業と思考を繰り返すことになり，作業は非効率です。また，内容の理解度も乏しくなるため十分な思考ができません。その結果，時間と労力が膨大にかかりますが，良い成果物は生まれません。

　一方で下段の図では，作業と思考を分離して取り組んでいるため作業は効率的で，集中して思考ができています。また，情報整理・見える化で整理しているため，情報を正確に理解することができます。

　さらに整理された情報から必要な情報を抽出して集中的に整理して一覧できる状態に再整理しているため，思考に必要な要素が一覧できています。したがって，広い視野で集中的に思考することができるのです。そのため，大局的な全体設計と，細かい詳細設計の双方を行うことができ，質の高い成果物を完成させることができます。

　このように，取り扱う範囲が広く，情報量が増えてしまうと，１つひとつの情報の理解が不十分になり，偏った情報の中で当てはめ思考に陥ってしまうケースが多くなります。

　しかし，思考力アップ三法則を活用しながら課題解決思考を活用すれば，業務のスピードと質は高まり，完成度の高い成果物や，的確な提案が可能になります。

メモ (情報の見える化) は地頭の良い人を凌駕する

　思考力アップ三法則は，特に情報が膨大で煩雑な場合に多大な効果を発揮するとお伝えしました。ただし，この法則のポイントの1つである「情報の見える化」は，日常の仕事における簡単な情報のやりとりでも大いに役立ちます。

　打ち合わせなど，簡単な情報交換の場で効果を発揮する情報の見える化とは「メモ」をすることです。メモによって情報を見える化することで，地頭の良い人を凌駕するほどの思考力を高めることができます。

　人の話を聴いて，「つまり○○で△△だから，□□ということですね」や「まとめると，要点は○○，△△，□□の3点ですね」など，瞬時に話を整理して返答できる地頭の良い人がいます。とても聡明に見えて，つい憧れてしまいそうになりますが，こういう人は，脳の「ワーキングメモリ」が高い人です。

　ワーキングメモリとは，一時的に情報を脳に保持し，処理する能力のことで，「作業記憶」とも呼ばれています。「簡単な情報を一時的に保存するメモリのようなもの」と考えていただければよいです。

　地頭の良い人は，ワーキングメモリの能力が高く，一時的にある程度の情報をワーキングメモリに蓄積することができます。そのため，頭の中だけで情報を整理することができるのです。

　しかし，たとえ一時的であったとしても，一度に多くの情報を脳に記憶させることは難しく，誰でもできるわけではありません。ワーキングメモリは訓練によって強化することはできるようですが，簡単ではありません。

　ただし，ワーキングメモリを高めなくても，メモを活用すれば，地頭系の人以上の成果を発揮することができます。

　つまり，打ち合わせなどで，他者の話のポイントとなる情報を，ワーキ

ングメモリに格納する代わりにメモするだけです。そうすれば，メモを見ながら情報を整理できるため，地頭系の人と同じことが簡単にできます。

　しかも，いくら地頭の良い人でもワーキングメモリには限りがあり，情報量が多くなれば漏れが出てきますが，メモであれば，情報量が多くても対応ができます。

　また，単に情報を整理するだけでなく，頭の整理もできるので，メモ情報を深掘りしたり展開させたりするという思考もできますし，メモの情報と自身の実践スキルの情報と連携して思考を広げることもできます。

　このようにメモをするだけで，情報を自由自在に扱うことができるようになり，「メモなしで『情報の整理』止まりの思考」の聡明な人を凌駕する思考力を発揮することができるのです。

　また，メモは備忘記録にも活用できます。例えば，「突然，良いアイデアを思いついたと思ったら，一瞬で忘れてしまった」という経験をした人がいると思います。こうした場合でも，思いついた一瞬のうちにメモをすれば，その良いアイデアを仕事などに活かすことができます。私も常に手帳を携帯し，すぐに取り出してメモができるようにしています。

　さらに，メモによって，やる気を出したり，集中力を高めたりすることも可能です。これは，手足などの末端神経を動かすことで，脳の思考系が動き出すという性質があるためです。

　具体的には，仕事で新しいことを始めるときに，やる気が出なくて始められない，という場合，ToDoリストを作成すれば，自然とやる気が出てきます。

　ToDoリストは通常，やるべき業務の項目を洗い出す際に活用する人が多いと思います。これは，さまざまな仕事を並行して実施する場合の，備忘記録や，優先順位を決めるのに有効ですが，1つの膨大な仕事を開始する場合には使えません。

　ただ，この場合のToDoリストは，1つの業務について，「作業内容を分

解してリスト化する」というものです。

　例えば，クライアントから，「社員に『ブランドに関する現状と課題について』という題で1時間程度の講義をしてほしい」という依頼がきたとします。1時間の講義を行うには，20〜30ページ程度のパワーポイントの資料を作成する必要がありますが，ブランドについての知見が不十分であれば，ブランドについて学び直す必要があるため，なかなかやる気が出ません。このような場合に，パワーポイント資料を完成させるまでのToDoリストを作成します。

　ToDoリストは，「ブランドに関する書籍を読み直す」「ブランドの問題点をネットで調べる」「講義の概要（項目）を洗い出す」「全体構成（目次）を作成する」「資料の概要のたたき台を作成する」「資料を作成する」など，資料完成までに行うべき1つひとつの業務を整理するのです。

　こうしたToDoリストをメモで作成することで，末端神経が働いて脳の思考系が動き出します。また，取り掛かるべき細かい業務が見える化されるので，行動しやすくなってモチベーションが上がります。

　その他，研修や資格取得などで，長時間の講義を受ける場合，途中で集中力が途切れてしまうことがあると思います。集中力を維持するためには，講師の話す内容をテキストにメモすることで，長時間，集中力を維持することができます。また，メモをすることで，テキストの内容の理解を深めることもできますし，メモの補足説明があればテキストの内容も記憶しやすくなります。さらに講義から期間が空いた後にテキストを読み返す場合も，メモが起点となって講義内容を思い出しやすくなります。

　このように，「メモ」による「情報の見える化」というのは，極めてシンプルですが，大いに思考力，理解力，記憶力を向上させる技なのです。

中級編

Ⅲ　上級編／第6章

課題解決思考で「構想力」と「創造力」を習得する

　「想像力」はデキる人の重要な要素

　上級編では，思考力をさらに高めるための「想像力・創造力・構想力」，および「推論法」について解説していきます。

　まずは「想像力」について説明します。

　2-8 の「ゴールイメージ描写」のところで，想像力という目に見えないものを思い浮かべる能力は，ビジネスパーソンにとって必須のスキルであると伝えました。

　プロフェッショナルは常にゴールをイメージしながら，仕事を行っています。

　ゴールが描けていると，方向性を見失ったり，途中で誤った方向に脱線したりすることがなくなります。そして，プロセスまでイメージできていれば，迷いなく，正しい手順で業務を進めることができるので，各プロセスの「中身」に集中することが可能になります。その結果，迅速に良質な成果物を完成させることができるのです。

　これまで未経験の新たな難易度の高い仕事を任されたとき，当然，仕事ができる人でも，最初はゴールが描けず，試行錯誤することになるでしょう。

　しかし，デキる人は，試行錯誤しつつも，最初にしっかりと現状把握に努め，課題解決思考と実践スキルを使って改善や成長のためのゴールを描きます。

　ゴールに向けて具体策を構築することを目指して取り組むので，通常より素早く高品質な成果物を完成させることができるのです。

　例えば，さまざまな業種の経営全般を支援するコンサルティングでは，毎回，異なる業種の異なる事業内容の会社の支援を任されます。

　特に業績が悪化した企業ではさまざまな問題点を抱えています。未経験

の業種であっても財務分析や外部環境分析，そして，内部環境分析を行う過程で，常に想像力を働かせて仮説を立てながら検証を行っているのです。

　ただし，ビジネスパーソンの場合，会社の中で自身の役割が明確に決まっているため，毎日淡々と目の前の業務をこなすだけになってしまい，想像力を掻き立てることが少なくなるケースが多くなります。これでは想像力を養うことはできません。

　また，机上だけで仕事をしていて現場感覚の低い人，つまり現場の想像力の乏しい人は，いくら合理的な考えをする人であっても効果的な提案はできません。

　ゴールを描き，到達する合理的なプロセスを構築したところで，各プロセスで実施する施策が現場で効果的かどうか，実現可能性があるかの想像力が欠如し，正確な判断をすることができないからです。

　そういう人が行う決定事項は，現場では「効果的ではない」「無駄な時間と労力がかかるだけ」となってしまうのです。

　企業の幹部や政府・自治体の決定事項で，決定者が現場の状況を十分に把握できていなければ，こうした決定事項によって現場が混乱したり，さまざまな問題が発生したりする例はよくあることです。

　その他，合意形成を目指した議論や，人を動かすためにも，想像力が重要になります。

　会議などで議論をしている際，議論がかみ合わない場合があります。これは，1人が描いているゴールイメージを，相手やその他の人が描けていない場合に起きることが多いです。

　2-6 の洞察力のところでも伝えたとおり，問題点を掘り下げて真の原因を究明している人が描いている状況を，問題点止まりで議論している人には想像ができません。こうした中で，いくら議論をしても相手を納得させることは困難です。

　また，会社が大きな変革や方針転換を打ち出した際に反対する人が多いのは，変革後のゴールが描けていないから不安になって賛同しないのです。そもそも脳は一度慣れたことを変更するのを嫌う性質があります。

　つまり，人はみな根本的に変革を嫌う生き物だということを認識することが大切です。

　そのため，周囲を巻き込むためには，まずは，「変革によってこんな素晴らしいことになる」「これまで苦労してきたさまざまな問題が解決する」といった，変革後のゴールイメージを共有して周りの人たちの不安を解消することです。

　その上で，手法やプロセスについて「今までと異なる方法だけど，こうすればすぐにできるようになるよ」と伝えて，厄介で面倒と感じる気持ちを抑え込むことです。そうすれば，相手を安心させてストレスを軽減させることができ，相手の納得感が得られるようになります。

　課題解決思考では，ゴールイメージの描写において必要なのが想像力です。課題解決力を習得するには，想像力が必須のスキルになります。

　さらに想像力を身につけることで，次に示すとおりさまざまなスキルを習得することができ，仕事の質とスピードを向上させることができます。

[想像力を発揮するメリット]

---

① 判断力：目標となるゴールが描けているので，ものごとを正確に判断できる。

② 決断力：正確な判断ができるため迷いがなくなり，決断が早い。

③ 見極め力：何が本質なのか，重要度が高いものは何か，正しい施策かどうかといった見極めができる。

④ 仮説力：さまざまな場面で想像力を発揮すれば，常に仮説を立てながら業務を進めることができる。

---

⑤　設計力：ゴールを描き，そのゴールに向けた具体的施策を構築し，重
　　　　　　要度や優先順位などを踏まえながら手順を決めるという精度
　　　　　　の高い設計ができるようになり，振り返りによる検証もしや
　　　　　　すくなる。

　このように想像力は，さまざまなスキルを習得するために必須の要素で
あり，デキる人の重要な要素であることがわかります。

　課題解決思考で真の原因を究明していれば，想像力を活かして，描く
ゴールは問題の真の原因を解決したり，真の強みを活用したりする本質的
なものです。まずはこのゴールを想像することが課題解決のポイントです。

　つまり，自身でゴールを描くというのはものごとの本質を理解すること
で，相手にゴールを描かせることは，相手に本質を理解させることといえ
るのです。

6-2　課題解決思考で「創造力」を身につける

　「創造力」とは，新しい何かを作り出す力です。英語で表現するとクリエイティビティ（creativity）であり，英語でもよく使われるのでこちらのほうがピンとくる方が多いかもしれません。

　世の中で創造力を活かして成功しているのが，ベンチャー企業です。ベンチャー企業が発揮している創造力は大きく分けて次の3通りになります。

　1つ目は「新技術開発」であり，今までにない新しい技術を開発して，1から新しい価値を生み出して起業するものです。大学や企業の研究から生まれる場合が多いです。

　2つ目は「業界の課題解決」であり，業界全体の課題を解決するための会社を立ち上げるというものです。業界全体の課題を解決するための新製品開発やシステム開発など，新しい技術やしくみの開発が伴う場合が多いです。

　3つ目は「既存のものとの組み合わせ」であり，既存の事業や商品・サービスに何かを組み合わせてさらに高い価値を生む方法です。

　なお，これまで説明してきた課題解決思考で活用するのは「想像力」であり，課題解決思考の手順をそのまま活用していても「創造力」を発揮することができません。なぜなら前述したゴールイメージは，既存の物事を改善する，より良くする，あるいは発展させる，というもので，従来の延長線上のものだからです。

　そのため，課題解決思考だけでは創造力を発揮することはできず，クリエイティビティな仕事にはつながりません。

　上記のベンチャー企業の例で，どのような状況で創造力が必要なのかを検証してみましょう。

　2つ目の例の「業界の課題解決」であれば，現状把握で業界全体の問題点を抽出し，「新製品を開発する」や「システムを開発して業務効率化を図る」というゴールイメージを描けばよいので，これまでの課題解決思考で実現できます。

　しかし，3つ目の例の「既存のものとの組み合わせ」については，課題解決思考の手順にはありません。そのため，創造力を発揮するには別の何かを実施する必要があります。

　また1つ目の例の「新技術開発」では「新技術」ありきですが，現在の市場の何かにイノベーションを起こすものなので，その「市場の何か」と「新技術」の組み合わせになるでしょう。

　なお，既存のものとの組み合わせの成功例として，メルカリは「スマホ（ECサイト）」と「家で使われなくなったもの」の組み合わせ，ウーバーも「スマホ」と「一般の車の空いている座席」の組み合わせです。

　近年では百貨店がイベントや催事を頻繁に実施したり，旅館がイベントを開催したりするなど，「モノ」と「サービス」の組み合わせで成功を収めているケースをよく見ます。いずれも既存のものとの組み合わせになります。創造力を発揮して大成功を収めているのは「既存のものとの組み合わせ」が多いです。

　つまり，世の中に通用する創造力を身につけるには，新たな組み合わせを行うことで習得できるのです。

　経済科学者のシュンペーターも「イノベーションは，すでに存在しているものの新しい組み合わせ（新結合）によってもたらされる」と言っているように，創造力を発揮するには，既存のものに新たなものを組み合わせることで発揮できるようになることがわかります。

　以前，創造力に関するセミナーのチラシを見たことがあったのですが，そのチラシに描かれている画像は，宇宙を背景にして，マジシャンのような異次元の雰囲気を醸し出している人の写真が掲載されていました。

上級編

　このように一般的に「創造力」という言葉で連想するのが，こうした異次元の能力を持った人が習得しているスキルなのかもしれません。

　しかし，世の中で創造力を活かして成功している人を見ると，ポイントは「目のつけ所」であり，決して異次元の能力を持った人ではなく，単純に「組み合わせ」で新たなものを創り出していることがわかります。

　ただし，これまで伝えた課題解決思考のままでは，創造力を発揮することはできません。優秀なビジネスパーソンとして目指すべきは，課題解決力とクリエイティビティの両方を習得した状況です。

　では，どうしたら創造力を発揮することができるのでしょうか。

　そこで，課題解決思考を使って，創造力を発揮する方法をお伝えします。

　課題解決思考の手順①現状把握から③原因究明，真の強み究明までは，これまで伝えたものと変わりません。「既存のものとの組み合わせ」でも既存の事業や商品・サービスについて現状をしっかりと把握することが求められます。

　創造力を発揮するためには，次の④ゴールイメージ描写のところで，単に既存の問題点の解決策や既存の強みを活かす手法ではなく，次の図のとおり「他情報」と組み合わせるのです。

　そうすれば，既存事業の問題点や強みを踏まえて，どのようなものと組み合わせれば解決するかがイメージできるようになり，比較的容易に創造力を発揮することができるようになります。

　具体的には，業界全体で市場が縮小している場合，このまま既存事業だけに改善，工夫を繰り返しても，市場自体が縮小傾向であるため収益力を向上させることは望めません。

　そこで，何かと組み合わせる創造力を発揮することで収益を改善することができるのです。

　例えば，緑茶の製造販売会社で考えてみると，昭和の時代，緑茶は専門

【「想像力」と「創造力」の課題解決思考の違い】

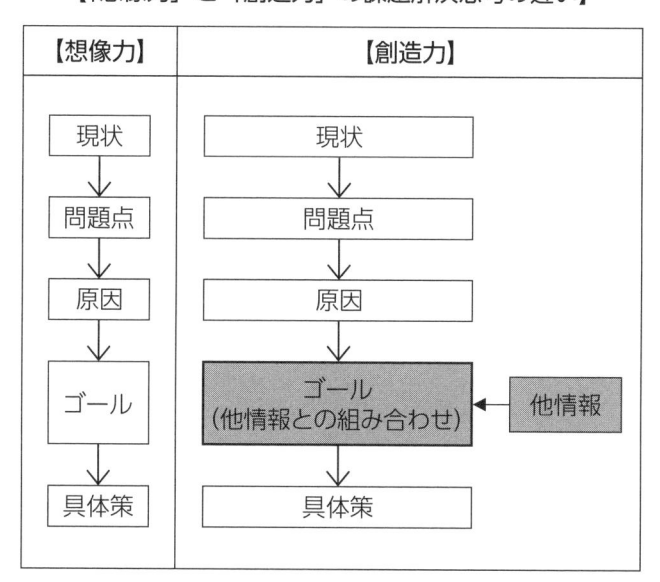

店で茶葉を買って，家で急須に入れて飲むものでした。

　しかし，現在の緑茶の飲み方は，多くの人がコンビニやスーパーでペットボトルのものを購入して，どこでも気軽に飲めるように変わりました。

　そのため，茶葉の市場は縮小し，売上も大きく落ち込んでいます。この売上減少は個別要因ではなく，市場全体が縮小しているという構造的な問題であるため，一企業が既存事業の範囲で経営改善を行っても収益改善は見込めません。

　そこで，茶葉の製造販売とは異なる新たな事業を組み合わせることを検討し，緑茶や抹茶のスイーツを開発することにしました。「緑茶＋スイーツ」の組み合わせです。

　緑茶や抹茶のスイーツであれば，緑茶専門店のブランドを活かすことができるため相性が良いです。また，スイーツであれば老若男女から好まれているので，既存顧客とのシナジーがあって既存顧客の単価向上が期待で

きます。

　さらに，新たな若い女性の顧客なども取り込めることが期待できます。美味しいスイーツを開発することが最低条件ですが，ネットでさまざまな写真が掲載されていて参考になるため，開発は比較的容易であり，さらにSNS向けに派手な見た目にすることでクチコミを期待できるため，大幅な収益改善が見込めます。

　このように，身近な事例でも創造力を活かすことは可能であり，アイデアを組み合わせるだけで大きく価値を高めることができます。そのため創造力というのは決して一部の地頭の良い人ができるものというわけではなく，やり方がわかれば誰にでも実施できるスキルであることがわかってもらえたと思います。

　その他の事例として，企画会議などでネットや雑誌からいろいろと参考にしながら新たな製品の開発を模索することがありますが，これも創造力を発揮する1つの手法です。

　この場合，自社の製品の問題点を補う，強みを強化するためのアイデアを他の媒体から募っているものになります。そして，会議に出席している人は創造力をフルに発揮して，どの組み合わせが自社製品の価値をより高めるかを思考している状態なのです。

　なお，サラリーマンやコンサルタントの中で優秀な人材は大勢いますが，彼らは知識の深掘りや，細かい作業・分析は得意である一方で，視野が狭くなる傾向があります。しかし，経営やコンサルティングで必要不可欠なスキルは，本項で説明した「創造力」と，次項で説明する「構想力」ですので，経営者やコンサルタントを目指している人はしっかりと確認してください。

課題解決思考で「構想力」を身につける

続いて「構想力」の習得方法について伝えます。

構想力とは，新しいアイデアや，複数要素の物事を体系的に考えて，トータルでまとめあげるスキルです。これには物事全体を俯瞰するという「大局観」のスキルを要します。

例えば，ビジネスパーソンが新たなプロジェクトを立案して計画を立てたり，経営者が新たな事業を立ち上げて戦略を構築したり，起業家がベンチャー企業を立ち上げたり，政治家が景気回復のグランドデザインを設計したりする場合などに，構想力が必要となります。

要するに，ここでいう構想力とは，複数要素の各々の現状と課題を把握し，その上でこれらを統合して全体の目標となるゴールイメージを描く戦略（全体設計）と，目標を達成するために複数要素の各々で具体策を構築する戦術（詳細設計）を構築するスキルになります。

構想力を習得するには，単一要素の課題解決思考では不十分です。

例えば，「顧客からのクレームを改善する」という1つの要素を解決するのであれば，課題解決思考でクレームの現状を把握し，原因を究明してそこにメスを入れる改善策を構築すれば解決します。

一方，構想力では，複数の要素をトータルで体系的に考えてまとめあげる必要があり，そのためには，全体を見通す大局観が必要になります。

つまり，構想力を発揮するには，①全体を要素分解し，②各要素で課題解決思考を実施して解決策を見出し，③全体のストーリーを描く，という3つのステップが発生します。

大局的に思考するためには，フレームワークを活用したり，それをさらに分解したり，新たにロジックツリーで要素分解したります。

4-1 で説明したとおり，フレームワークとは「大局的思考のために要

素分解された分析の切り口」であり，ロジックツリーは「要素分解のための
フレームワーク」です。

　そのため，フレームワークで活用できるものは活用し，そうでないもの
は新たにロジックツリーを使って，課題解決思考ができる要素まで分解す
ることが必要になります。

　要素分解ができたら，各要素で課題解決思考を実施していきます。

　この場合，課題解決思考と，前述した「思考力アップ三原則」を組み合
わせることで，一気に構想力を発揮することが可能になります。

　具体的には，分解された各々の要素について，課題解決思考の①現状把
握～③原因究明，真の強み究明までを行い，それぞれの問題点と強みを見
出して整理します。これが「情報整理・見える化」です。

　次にSWOT分析（あるいは３C分析）で整理して，全体を一覧できるよ
うにします。構想力を発揮するには内部環境分析だけでなく，顧客ニーズ
や競合分析，業界動向などの外部環境分析も必要になるため，SWOT分
析で機会（プラス要因の外部環境）と脅威（マイナス要因の外部環境）も
整理する必要があります。

　これらを一覧できれば，必要となるすべての要素が見える化されている
ため，各課題解決をつなげて全体のストーリーを描くという全体設計を行
うことができるようになります。これが「集中整理・一覧性」です。

　例えば，新事業を立ち上げる場合，既存事業の経営資源とのシナジーが
活用できれば「強み」，新事業で不足する経営資源は「弱み」として整理
し，弱みは外部から調達したり連携したりすることで補います。

　このように，１つの業務ではなく広範囲で仕事をまとめるスキルである
「構想力」を身につけるには，課題解決思考で１つひとつの現状を把握し
て情報整理・見える化で整理し，そしてSWOT分析などで集中整理・一
覧性を行って全体を俯瞰することで実施できるようになるのです。

　なお，**4-1** でも説明しましたが，思考には「縦（深さ：原因究明）」

「横（幅：大局観）」「長さ（奥行：時間軸）」がありますが，構想力を発揮するには，この3つの軸が必要になります。

　「深さ」は，これまで説明してきた課題解決思考で原因究明のことです。「広さ」は，本項で説明している思考の幅・範囲のことであり，複数要素で分析していくものです。

　そして「長さ」とは，時間軸のことです。施策を行動に移すために，誰が，いつからいつまで実施するかという行動計画（アクションプラン）を作成します。この行動計画は，「深さ」と「広さ」の課題解決思考で導き出した施策を構築した後に，各施策の重要度，緊急度を踏まえてスケジューリングを行います。行動計画はガントチャートで作成するとわかりやすいです。

　3つの軸を使って実施することができれば，高いレベルの構想力を習得できたといえるでしょう。

上級編

【構想力を活用する課題解決思考】

```
                    【構想力】
  要素1      要素2    …   要素n
  ┌─────┐  ┌─────┐      ┌─────┐         ┌─────────┐
  │ 現状 │  │ 現状 │  …  │ 現状 │         │ 外部環境 │
  └─────┘  └─────┘      └─────┘         └─────────┘
     ↓        ↓            ↓                  │
  ┌─────┐  ┌─────┐      ┌─────┐              │
  │問題点│  │問題点│  …  │問題点│              │
  └─────┘  └─────┘      └─────┘              │
     ↓        ↓            ↓                  │
  ┌─────┐  ┌─────┐      ┌─────┐              │
  │ 原因 │  │ 原因 │  …  │ 原因 │              │
  └─────┘  └─────┘      └─────┘              │
     ↓        ↓            ↓                  │
  ┌──────────────────────────────────────────┐
  │            ＳＷＯＴ分析                     │
  │ 「情報整理・見える化」「集中整理・一覧性」  │
  └──────────────────────────────────────────┘
                    ↓
  ┌──────────────────────────────────────────┐
  │          ゴール（全体構想）                 │
  └──────────────────────────────────────────┘
                    ↓
  ┌──────────────────────────────────────────┐
  │              具体策                         │
  └──────────────────────────────────────────┘
```

　ここで1つ注意が必要なのは，構想力で重要なことは，現場のさまざまな情報を理解し，問題点や強みを捉えた上で，ストーリーを設計するということです。

　しかしながら，優秀といわれるビジネスパーソンの中には，社長の思いつきの戦略に合わせてストーリーを設計するケースがあります。

　具体的には，社長の提案を部下が受けた際，部下は現状把握を怠り，社長に忖度をして，その提案が成功することをベースに机上のストーリーを設計してしまう場合です。

　これでは正確な現状把握ができず，どこにどのような問題があるのかの理解が不十分なため，提案自体の成否の判断力が乏しくなり，提案自体が「絵に描いた餅」に陥ってしまう可能性が高くなります。

　ただし，提案書がパワーポイントできれいに整理されて，内容が合理的に組み立てられていれば，実行可能性について見極めることをしないで，盲目的に「優れた提案である」と判断してしまいます。

　このようなケースはコンサルタントにも見られます。会社の社長から「私のアイデアを提案書として整理してほしい」という依頼があった場合，コンサルタントにとって社長は報酬を出す依頼主であるため，社長の機嫌を損なうような資料を作成するわけにはいかなくなります。

　また，実際の窓口となる依頼者が社長の部下であった場合でも，その部下は社長の機嫌を損なわないストーリーを望んだりします。そのため，たとえそのアイデアが成功する可能性が著しく低いと判断しても，単に「リスク」として取り上げるのみで，アイデアが成功するストーリーで提案内容を設計するのです。

　こうした社長や依頼主のご機嫌取りをする「なんちゃって構想」をする人が優秀と判断されるケースがあるので，構想力を発揮するには，まずはしっかりと課題解決思考で各要素の状況を把握することが重要であることを忘れてはいけません。

6-4 「想像力」「創造力」「構想力」の融合

上級編

　本章の最後に，これら「想像力」「創造力」「構想力」を融合した場合の課題解決思考の方法について伝えます。

　これら3つを融合した課題解決思考の図が次頁のとおりになります。

　複数要素において課題解決思考で原因究明まで行い，全体をSWOT分析で整理します。

　このSWOT分析によって，さまざまな要素の問題点と強みと外部環境を一覧できるようになります。そして，個々の要素を解決する具体策を漏れなく構築し，全体のゴールを設計します。ゴールは，他情報も踏まえて新たな価値を創出できるように構築します。

　このように，1つひとつの要素を課題解決思考で分析していくことを基本系として実施しながら，思考力アップ三法則や，創造力・構想力を発揮するためのテクニックを活用します。すると，課題解決思考を実施しながら創造力・構想力を発揮するという高難易度な仕事であっても，スピーディかつ高品質にやり遂げることが可能になります。

　想像力・創造力・構想力の融合は，経営者が戦略・戦術を構築する場合や，政治家が国のグランドデザインを構築する場合に必須となるスキルといえるでしょう。これらを実現するための具体例として，コンサルティングの手法の1つである「事業デューデリジェンス（ビジネスデューデリジェンス）」を例に説明します。

　事業デューデリジェンスとは，対象企業の調査を行い，膨大な会社情報をさまざまな角度から分析して，どのように会社の経営課題を解決し，成長させるかを整理した事業調査報告書を作成することです。事業調査報告書は短期間で作成することが求められ，当然，高い完成度が求められます。作成のプロセスは次のとおりです。

【課題解決思考と想像力・創造力・構想力の融合】

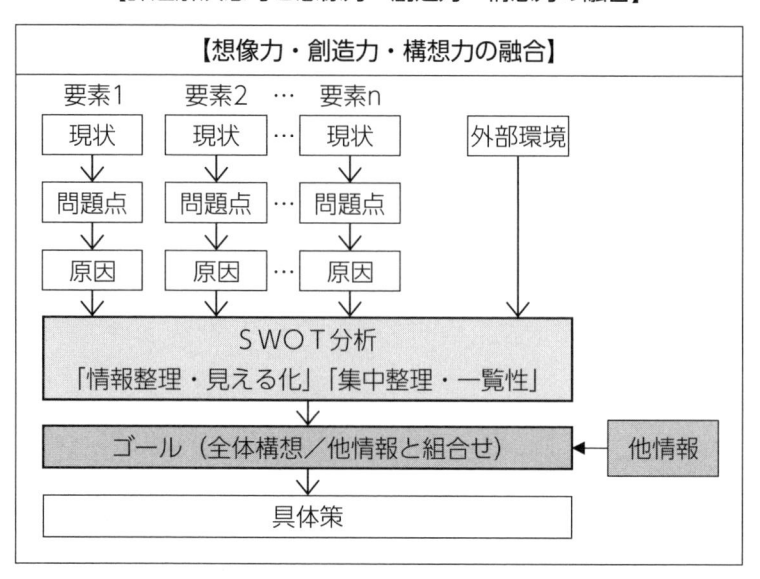

　まずは，ホームページなどで対象企業について大まかに「現状把握」を
します。ホームページを見れば，会社の概要を理解することが可能です。
また今後の調査でより詳細な情報が頭に入りやすくなります。

　次に市場環境や競合他社などの外部環境分析を行って「現状把握」をし
ます。多くのケースで，業界全体で成熟期・衰退期を迎え，人口減少の影
響で，今後の成長が見込めない状況となっているかと思います。

　続いて，財務分析です。PL／BSで収益状況や財務基盤などの分析を
行って，数値面で客観的に「現状把握」を行います。売上推移や各利益率
の状況，原価率のほか，収益性・効率性・生産性・安全性といった経営分
析をします。そして，訪問後にクライアントから情報を入手して，顧客別
や商品別の売上推移なども確認します。

　この財務分析は，顧客から5年～10年分の決算書などを入手して行いま
す。さまざまな角度で分析し，その分析結果を見ながら会社の状況を理解
し，なぜこうした状況に陥ったのかの仮説を立てます。

　例えば，某スーパーで直近3期を見ると，売上が上昇しているにもかかわらず赤字が膨らんでいるとします。PLで原因を探っていくと，原価率が増加しており，販管費を見ると広告宣伝費が増加していました。

　これらの情報により，チラシなどの広告を以前よりも高頻度に大量に配布して低価格訴求を行って，より多くの顧客を集客した結果，安売りにより原価率の上昇で収益が悪化し，広告宣伝費も増大してさらに赤字が膨らんだと想定できます。

　このように数値の分析結果の情報が思考しやすいように「整理，見える化」されていれば，「仮説」という思考に集中して質の高い思考が可能になります。この財務分析は，決算書入力という作業と，整理された分析結果を見ながら仮説を立てるという思考を分離して行う「作業と思考の分離」を活用しています。

　なお，これまで何度か出てきている仮説力は，思考力を高めるために極めて重要なスキルなので，次の第7章で詳しく説明します。

　ここまでを，クライアントへの初回訪問の前にすべて実施します。これにより，初回訪問の時点でクライアントに関するかなりの情報を把握できているため，今後の調査がはかどります。

　続いて，内部環境分析で，社長からヒアリングを行って情報を収集していきますが，ここで活用するヒアリングシートは，経営・組織・会計・営業・製造などさまざまな機能について，ロジックツリーを使ってヒアリング項目に「要素分解」をしたものを活用します。

　このようにあらかじめヒアリング項目を決めていれば，現場で「何を聞けばよいのか」といった無駄な思考に陥ることはありません。また，各項目をピンポイントで集中して課題解決思考を使ったヒアリングが可能になります。

　各項目について1つひとつヒアリングを行いながら「現状把握」「問題点・強みの発見」「原因究明，真の強み究明」を行います。

上級編

　各項目で現状と問題点・強みについて整理した「情報整理・見える化」を行うことは重要です。報告書の作成者であるコンサルタントだけでなく，報告書の閲覧者も理解しやすくなります。

　さらに，外部環境の機会・脅威と，各項目のヒアリング結果の問題点と強みをSWOT分析で整理して，会社の問題点と強みを一覧できるようにします。これが「集中整理・一覧性」で，SWOT分析で整理された会社の全体情報を踏まえて再生までの戦略と戦術を構築します。

　SWOT分析で，思考に必要な強み・弱み・機会・脅威の各要素がすべて一覧で確認できるので，戦略構築の「ゴールイメージ描写」では，全体を俯瞰しながら「構想力」を発揮して思考し，さらに各要素を細かく漏れることなく思考して「具体策構築」を行います。

　もしこの会社の業界全体が衰退期で，このままでは売上減少が続く可能性が高い場合，「創造力」を発揮して他情報からの組み合わせで新たな価値が生まれるアイデアを模索して，戦略と戦術を構築していけばよいのです。

　以上，これまで紹介した思考法やテクニックをあわせて実施するための事例を伝えました。

　全体を通して見れば，ベースとなるのは課題解決思考であり，それに付加価値として思考力アップ三法則や創造力・構想力のテクニックをつけ加えているだけだということがわかると思います。

　広範囲で煩雑な情報を取り扱う業務は，一見，非常に煩雑に見えて何をすればよいのかわからずに思考停止に陥りそうだと感じる人が多いかもしれません。

　しかしながら，1つひとつ分解して見ていけば，何をすればよいのかが理解できますので，丁寧に実施すれば最短距離で成果に結びつけることができるようになります。

6-5　課題解決を「しくみ化」する

最後に，これまで何度か出てきた「しくみ」について説明します。

4-1 で縦・横・長さの思考について説明しましたが，課題解決思考の縦（深さ：原因究明）の思考と，前述の構想力の横（幅：大局観）の思考で，各項目で課題解決を描いて解決策をつなげていけば，全体の大まかなストーリーを描くことができます。これをさらに組織的な取り組みに落とし込むには，まずは経営資源を踏まえて各解決策を実践レベルに落とし込んでプロセスを設計し，各業務の役割分担を行って業務をルーチン化する必要があります。こうした詳細設計が「しくみ化」です。

しくみ化には，「何を」「誰が」「いつからいつまで」を設計し，実践で「PDCA」を回してブラッシュアップする必要があります。

まず「何を」は，課題解決思考で導き出した施策を実行レベルまで落とし込み，全体ストーリーのプロセスを設計して手順化することです。

課題解決思考で見出した会社の問題点について，改善策をルーチン化すれば，現場の従業員はいちいち改善の追加業務を行うことなく，日常業務を遂行するだけで問題を解決することができます。

例えば，受注生産の製造業で，見積作成に多大な時間を要し，見積の精度も低く，十分な利益を確保できない場合は，材料費や外注費といった変動費だけでなく，労務費や経費といった固定費も案件単位に自動で算出して，簡単に原価を策定できるフォーマットを作成することです。詳細については **2-9** の金型加工業の事例を確認してください。

また，成長戦略を具現化するには，売上アップの施策をルーチン化することが大切です。そのためには，私が「売上アップの4手法」と呼んでいる営業・販促・マーケティング・ブランディングを融合してプロセス設計を行うことが大切です。しかし現在は，各々で専門家が分かれており，市

上級編

場がバラバラの状態です。例えば，営業コンサルタントは販促などの知識が不十分であり，販促の専門家は営業などのノウハウを持っていません。マーケッターは調査・分析が中心で具体策は現場任せの場合が多いです。また，本来ブランディングとは「価値向上，価値浸透」を行うことですが，ブランドコンサルは多くがデザイナーであり，「デザインの洗練化＝ブランディング」という風潮になっています。

　このように，これら4手法の市場が完全に分離しているため，売上アップは会社にとって最重要業務であるにもかかわらず，多くの会社で組織的な取り組みができず，属人的で個人の営業担当任せになっています。

　なお，売上アップの4手法の融合の事例は **8-1** で紹介します。

　次に「誰が」は，ルーチン化するまでのしくみ作りのプロセスと，しくみ構築後のルーチン化のプロセスについて，責任者と実施者（実施部門）を決めて，役割と権限を明確にすることです。さらに「誰に役割を与えるか」が重要になる場合もあります。

　大企業であれば，人材が豊富で，もともと組織体制と役割分担が明確になっており，各部門の人材のスキルも一定レベルに到達しているため，部門単位で役割を分担すればよいです。しかし中小企業の場合，人材が限られ，部門の役割が曖昧な場合も多いため，人材の適性を見極めて役割を与える必要が出てきます。

　続いて「いつからいつまで」は，縦と横の思考に長さ（奥行：時間軸）を加えることですが，ルーチン化するまでのしくみ作りのプロセスと，しくみ構築後のルーチン化のプロセスについてスケジューリングします。スケジューリングは，ガントチャートで見える化すると効果的です。

　最後に「PDCA」ですが，こうして事前設計を行った後に，実践しながらPDCAを回して改善を繰り返して磨き上げていけば，短期間で精度の高いしくみを構築することができます。

Ⅲ　上級編／第7章

仮説力を高める「推論法」

　仮説力は課題解決力を高める

　本章では，これまで幾度となく登場している仮説について，「仮説力」を高める思考法を説明していきます。

　仮説とは，物事を考える際に最も確からしいと考える仮の答えであり，仮説力とは，その仮の答え・結論を先に導き出す力のことをいいます。

　仮説力は，結果が出ていないものを先んじて結果や背景，問題の原因などを推論するスキルです。まだ起きていない，あるいは見えないものを見る力であるため，**2-6** で説明した洞察力ともいえます。

　コンサルティングの世界では，常に「仮説・検証」を繰り返すことが重要といわれますが，これはコンサルティングに限らず，ビジネスや政治の世界でも，あらゆるところで必要となるスキルです。

　アイデアというのは，脳の中に何もない状況でふっと湧いて出ることはありません。突然アイデアが浮かんだときに「天から降りてきた」という言い方をしますが，本当に天から降りてきたのではありません。バックグラウンドで脳が働いていて，脳内でこれまでつながっていなかった情報と情報が突然結合することで生まれるものだと考えられます。

　また，何かを見聞きして突然思いつくアイデアも，その見聞きした外部情報と脳内の情報の結合で生まれるものでしょう。

　仮説も同じで，何の経験もない，蓄積された知識もない状態で仮説を立てることは困難であり，一定の実践スキルが必要になります。

　例えば，**6-4** の「事業デューデリジェンス」の説明のところの「PL／BSの数値分析の結果を見ながら現場の状況の仮説を立てる」という話の中で，スーパーの決算書の数値から仮説を立てる事例を紹介しました。

　売上が上昇しているにもかかわらず赤字が膨らんでいる状況で，原価率と広告宣伝費が増加していました。「なぜなぜ分析」で仮説を使って掘り

下げることで「売上は増えたが利益が減少したのは，チラシを増やして集客して安売りを増やしたことが原因であろう」と仮説を立てました。こうした仮説を立てるには，スーパーに関する知識があり，その知識が，数値を見て状況をイメージできる実践スキルとして活用できるレベルにあることが必要です。

　また，**2-6** の洞察力のところで紹介した図の「営業成績悪化」という問題点の原因を探る事例を思い出してください。ターゲット顧客は既存顧客と同じであっても，カテゴリーの異なる製品で技術的知見が必要な製品であれば，「営業担当が新製品の説明ができていないのではないか」と推論することができます。

　その他，新製品が従来のBtoCの製品とカテゴリーがまったく異なるもので，BtoB向けの，何かの装置に組み込む部品の1つであったとします。すると，まず，頭に浮かぶのが「既存製品のターゲット顧客とは異なり，1から顧客を開拓する必要があるため新規開拓が進まないのではないか」という仮説が立てられます。

　このように仮説力を高めるには，経験を積んだり，関連する幅広い情報を見聞きしたりして，実践スキルを蓄積していくことが必要となります。

　ただし，経験や知見がなくても仮説を立てること自体は可能です。最初は精度が低くても，常に意識して仮説を立てて検証することを行っていけば，仮説力は高まっていきます。

　たまに「なんで？」「どうして？」を連発する人がいますが，これは仮説力が乏しく，自身で推論するスキルが不足し，仮説を立てる意識が欠如していることが要因です。

　仮説力を使った推論法は「演繹法」「帰納法」「仮説的推論」の3つがあり，次項より説明していきます。この中で演繹法と帰納法の2つがロジカルシンキングの研修などでよく取り上げられますが，より実践で効果的に活用できるのが仮説的推論です。

上級編

7-2　一般論で推論する「演繹法」

推論法において，最初に「演繹法」を説明します。

演繹法とは，一般論を使って推論する方法で，一般論として認識されている内容が対象物でも適合するであろうと推論することです。

例えば，教科書やビジネス書に記載されているような一般的に周知されている内容が，現場でそのまま活用できるであろうと推論します。

前に紹介した「当てはめ思考」と似ていますが，当てはめ思考は「推論」ではなく「決めつける」ことであり，演繹法はあくまで「推論」なので，その点が違います。

演繹法で注意が必要なのが，一般的に正しいといわれていたり，教科書や参考書などに書かれていたりすることが，実際の現場では通用しないことも多いということです。「演繹的に正しいといわれることが，帰納法で検証するとおかしい」ということが現場では多々存在するのです。

経営や戦略に関する書籍に記載されている内容は，主に大企業がベースとなっており，中小企業では適合しないケースが非常に多いです。

例えば「経営者が戦略を構築して，部下が戦術を構築するものである」ということがビジネス書でよく見られます。これは人材など経営資源が豊富な大企業だからいえることです。中小企業では，経営者が戦略だけでなく戦術まで構築しなければ会社を変えることは難しいです。

なぜなら，中小企業は社員数が少なく，各社員は与えられた作業しか実施していないケースがあり，戦術という思考業務を行うことに慣れていないからです。そのため，演繹法で一般論どおり戦術を社員に任せたところで，良い施策が生まれる会社は非常に少ないのです。

ただし，中小企業でも規模が大きくなって社員数が増えれば，目指すべきは現場に詳しい社員が戦術を構築することが望ましいといえます。仮説

を立て，最終的には会社の現状把握をした上で判断する必要があります。

　また，「組織の中で，役職の飛び越し指示をしてはいけない」というのが組織としての原則といわれています。飛び越してしまうと管理者の存在意義を否定したことになります。つまり，組織の指揮命令系統を破壊する行為だというわけです。

　当然，間違いではないのですが，中小企業では役職が機能していない場合も多いため，当てはまらない場合も多いのです。

　その他，マーケティングの分野では，ネットで「1か月で100万円稼ぐ方法」や「これだけで100人集客できる」などのキャッチフレーズで集客を募っています。実際に成果を出した人が紹介されている広告をよく見かけます。

　これらの手法はおおむね，ランディングページや動画を作成してGoogleなどで集客するといったものになります。ネットで集客する際の一般的な，つまり演繹的な手法です。

　それを各社がいろいろなキャッチや，「1か月で100万円稼ぎました」「1回で100人以上の集客に成功しました」といった事例を顔写真入りで紹介して訴求力を高めたものになります。

　ただし，実際にそこまで成功しているのはほんの一握りであり，ほとんど稼げなかった，集客できなかったという人も数多くいるわけです。

　さらに，経営者の中には，他社の成功事例や著名な経営者が書いた書籍の内容をそのまま模倣するケースがあります。

　しかしながら，他社の事例は，業種や商品がまったく違うものであり，当然，ターゲット顧客やニーズも相違し，会社の経営資源も異なるものです。そうした会社の経営手法を戦術レベルで模倣しても，自社の問題の真の原因を改善できるものにはならないので，自身の会社の問題は解決されません。

　このように演繹的に正しいことが現場で通用しないことは多々あります。

そのことを認識した上で，次の演繹法を事例形式で整理した内容を確認してください。

　なお，事例①は，先ほど紹介した事例を演繹法として整理した内容になります。

[演繹法の事例①]

- ●一般論：企業経営は，経営者が戦略構築，社員が戦術を構築する。
- ●施策：私は会社を起業した。
- ●仮説：当社で，私が戦略を構築し，戦術は社員に任せればうまくいくだろう。

[演繹法の事例②]

- ●一般論：折込チラシを出せば，売上が大きく向上する。
- ●施策：毎週月曜日に折込チラシを出す。
- ●仮説：売上は大きく向上するだろう。

[演繹法の事例③]

- ●一般論：低品質の製品は低価格で，高品質の製品は高価格である。
- ●施策：当社の開発した製品は非常に高品質である。
- ●仮説：当社の新製品は高品質なので，高価格でも売れるだろう。

　このように演繹法とは，一般論がその対象物でも適合すると推定することですが，実際にはうまくいかないケースもあります。

　そのため，現場で演繹法を使って仮説を立てた際は，当てはめ思考で結論付けるのではなく，しっかりと検証することを心がけることが大切です。

7-3　複数事象の規則性で推論する「帰納法」

　続いて解説する推論法は「帰納法」です。

　帰納法とは，複数の事象（結果）から規則性（パターン）を見つけて推論する方法です。複数の事例で共通する内容が，それ以外でも当てはまるであろうと推論することです。

　例えば，先ほどの事例では，一般的に「戦略は経営者，戦術は社員が実施するもの」とあります。しかし，実際に現場で経験したら，業績が悪化している中小企業では，経営者が社員に戦術構築を指示しても，良い戦術案が出てきません。そればかりか，戦術を構築するモチベーションもないことがわかったとします。

　そのため，中小企業では戦略だけでなく戦術も経営者が実施したほうがうまくいくケースが多いという仮説が立てられる，という具合です。

　帰納法に関して，次のとおり事例形式で整理します。

[帰納法の事例①]

- ●事象①：A社は中小企業で，社長が戦略・戦術の双方を構築している。
- ●事象②：B社は中小企業で，社長が戦略・戦術の双方を構築している。
- ●事象③：C社は中小企業で，社長が戦略・戦術の双方を構築している。
- ●仮説：当社も中小企業であるため，社長が戦略・戦術の双方を構築するほうがよいだろう。

[帰納法の事例②]

- ●事象①：Aスーパーは折込チラシを出して売上が上がった。
- ●事象②：Bスーパーは折込チラシを出して売上が上がった。
- ●事象③：Cスーパーは折込チラシを出して売上が上がった。

> ● 仮説：当スーパーでも折込チラシを出せば，売上は上がるだろう。

[帰納法の事例③]

> ● 事象①：Ａ社製品は高品質で，低価格で売れている。
> ● 事象②：Ｂ社製品は高品質で，低価格で売れている。
> ● 事象③：Ｃ社製品は高品質で，低価格で売れている。
> ● 仮説：当社の新製品は高品質だが，低価格でないと売れないだろう。

[帰納法の事例④]

> ● 事象①：Ａ社は顧客の声を反映して製品開発を行って成功している。
> ● 事象②：Ｂ社は顧客の声を反映して製品開発を行って成功している。
> ● 事象③：Ｃ社は顧客の声を反映して製品開発を行って成功している。
> ● 仮説：当社も顧客の声を反映して新製品を開発すれば，売れる製
> 　　　　品を作ることができるだろう。

　このように帰納法を活用すれば，演繹的に正しいものが，実際には異なることがあるという気づきが得られます。それを実践スキルとして習得していけば，自分だけのノウハウを蓄積していくことができます。

7-4　事象の根拠や背景から推論する「仮説的推論」

推論法の最後に紹介するのは「仮説的推論」です。

前述の演繹法や帰納法は，仰々しい名前がついているだけで，決して難しいものではなく，多くの人が自然と実務で活用できているのではないかと思います。

ただし，仮説を使ってレベルの高い思考を発揮するためには，この仮説的推論を日常的に使いこなせるようになる必要があります。

仮説的推論とは，起こった事象（結果）から，その根拠（原因）を推論したり，背景を探ることで，仮説を導き出す推論法です。

実際に現場で起きた事象がベースになるという意味で，帰納法と仮説的推論は似ていますが，大きな違いがあります。それは，帰納法では複数の事例から規則性のある事象を見出して推論する方法で，共通の「事象（結果）」に重点が置かれています。

一方，仮説的推論は，起きている結果から原因の仮説を立てるという「根拠」や，事象の「背景」が焦点になっていることです。

物事を正確に判断するには，結果だけでは不十分であり，原因を究明して根拠を明らかにすることが重要です。

演繹法にせよ，帰納法にせよ，根拠を明確にすれば，その対象に適合するかどうかを瞬時に検証することができます。

根拠とは，起きた事象の原因であり，課題解決思考でなぜなぜ分析を行って事象の原因を究明することで，根拠が明確になります。

例えば，先ほどの例でいうと，演繹的には「戦略は社長，戦術は社員が構築する」，帰納的には「戦略も戦術も社長が構築する」であったとして，ある中小企業でどちらが効果的かの検証を行うとします。

演繹法による「戦略は社長，戦術は社員が構築するほうがよいであろ

上級編

う」という根拠は，「戦略の構築は会社全体や市場全体を俯瞰している社長が適任で，戦術の構築は現場の状況を詳細に把握している社員が適任である」ことが根拠になります。

　一方，帰納的には「社長が戦略・戦術の双方を構築するほうがよいであろう」という根拠は，「人材が乏しい中小企業において，社員は思考の業務を実施しておらず，戦術を構築するだけのスキルを保有していない」ということが根拠になります。

　これらの根拠を対象企業に適用すると，その企業は中小企業で，社員は日々，作業で多忙です。まして，施策構築のスキルも持っていないため，社員に戦術構築を依頼しても良い施策は生まれないであろう，という仮説が立てられます。

　このように演繹法と帰納法を発展させて，各々根拠を明確にしていけば，対象となる事柄でどちらが効果的かを判断することができます。

　なお，ビジネスで重要なことは仮説・検証を繰り返すことです。そしてこれらの推論法はあくまで推論なので，そのまま結論付けをするのではなく，しっかりと検証することが必要です。

　例えば，先ほどの事例で，中小企業であっても社長が現場を知らない場合があるでしょう。また，戦術だけでなく，戦略に関する知識もほとんど持っていない場合もあります。しかし，小さな会社でもマーケティングなどの専門知識を勉強して戦術について詳しい人材もいます。

　戦術の構築は，戦術の実践スキルを保有している人が関わって作成することが最も効果的であるといえます。

　このように推論法は，当てはめ思考で結論付けるのではなく推論にとどめ，それから課題解決思考を活用して現場の現状把握を行い，現場に合わせた最適な結論を導き出して提案を行うことが大切です。

　課題解決力や思考力が高まれば，さまざまな場面で，より精度の高い仮説を立てられるようになります。より多くの実践スキルを身につけていけ

ば，外部からの情報を，脳内のより多くの情報（実践スキル）と結合させることができるため，仮説力も高まります。豊富な実践スキルを習得しておけば，単に一般論から推論する演繹法や，事象だけで判断する帰納法ではなく，事象の根拠を推論できるようになります。そして，周囲の状況に関する情報で推論するという仮説的推論を活用することができるようになるでしょう。

　これらを踏まえて，仮説的推論の事例をいくつか紹介します。

　この仮説的推論は，これまでの演繹法・帰納法よりも実践的で重要となるので，より多くの事例を使って紹介します。

[仮説的推論の事例①　中小企業の戦略・戦術の構築]

- 事象：中小企業Ａ社は，社長が戦略・戦術の双方を構築している。
- 根拠・背景：中小企業の多くは人材が乏しく，社員が作業しかしていない場合が多いから，思考の業務を行える人材が乏しく，戦術を構築できないと考えられる。
- 仮説：中小企業は，社長が戦略・戦術の双方を構築することが望ましいであろう。

[仮説的推論の事例②　スーパーの折込チラシ]

- 事象：Ａスーパーは折込チラシを入れても売上はあまり上がらない。
- 根拠・背景①：新聞の購読者は減少傾向で定期購読は高齢者が中心で，若者の新聞離れが顕著である。
- 根拠・背景②：この地域は若者が多く高齢者が少ない町なので，新聞を見ている人は少ない。
- 仮説：この地域は折込チラシの効果は期待できないであろう。

　ここまでは，演繹法と帰納法と同じ事例で明記しました。

　仮説的推論は，演繹法や帰納法と異なって事象だけで仮説を立てるのではなく，根拠や背景を踏まえて推論するため，仮説の精度が高まります。

　また，帰納法のような他社の事象の確認が不要になり，その場で即仮説を立てることができるため，仮説を立てるスピードが大幅に向上します。

　続いて，　6-4　で明記したスーパーの決算書から仮説を立てる事例を整理します。

[仮説的推論の事例③　スーパーの赤字の要因]

- 事象①：某スーパー直近3期は売上が上昇しているにもかかわらず赤字が膨らんでいる。
- 事象②：PLを見ると，原価率が増加し，販管費の広告宣伝費が増加している。
- 根拠・背景：広告宣伝費の増加は，以前よりチラシを多く配布したからであり，売上が増加して原価率も増加しているのは，多くの商品を値下げしたからであろう。
- 仮説：集客を増やして売上を増やすために，チラシを多く配布して低価格訴求を行った結果，売上とともに原価率が増加して粗利が減少し，販管費の広告宣伝費が増大して，結局赤字が膨らんだのであろう。

　このように想像力を働かせれば，PL／BSといった数値を見るだけで，現場の状況について仮説を立てることができるようになります。

　続いて，介護事業の人材採用についての事例を見ていきましょう。

[仮説的推論の事例④　介護事業の人材採用]

- 事象①：介護事業の現場で人材が不足し，新たな人材の採用が必要。
- 事象②：採用の募集をしたところ，高学歴で超有名な大企業で管理者の経験がある，頭の切れそうな人材が面接に来た。

- 事象③：面接を行ったところ，前職では企画部門で書類作成や部下のとりまとめがメインの仕事で，あまり会話が得意ではないような印象を受けた。
- 根拠・背景：介護は常に顧客と接する仕事で，うまく相手とコミュニケーションを取って安心させる必要があるため，介護で必要な要素はコミュニケーション力と，相手の気持ちを理解し，共感でき，気遣いのできる能力といえる。
- 仮説：能力は高そうであるが，コミュニケーション力が不十分なため，顧客から継続して依頼を受けることは難しいであろう。

上級編

　この事例は，面接に来た相手が大企業で管理職まで務めた経験のある人材でした。中小企業である同社にとって滅多に面接に来ることのないハイクラスの人材であると社長が判断し，採用することにしました。

　しかし，介護の家族の娘から「ぶっきらぼうで親が怖がっているから担当者を代えてほしい」との連絡が入りました。また，その他の家族からも対応面でのクレームが入ってしまい，残念ながらその人に辞めてもらうことになりました。

　この場合の仮説的推論は，根拠・背景で示したとおり，その事業の本質は何かを踏まえて仮説の根拠を明確にすることが必要であるといえます。

　次は，少し事象を増やし，より多くの事象から仮説を導く事例です。

［仮説的推論の事例⑤　店舗事業のブランディング］

- 事象①：地方に店舗を構える中規模のサービス業の会社で，近年顧客が減って売上が減少し，赤字が続いている。
- 事象②：周囲には小規模の競合が数店舗あり，価格は競合に合わせて設定している。

- 事象③：収益の安定化を図るため，ブランドコンサルに依頼したところ「ブランドを構築するには商品やターゲット顧客を絞り込むことが常識である（演繹法）」と言われた。

- 事象④：これまでコストをかけて価値を高め，より多くの周辺住民に来てもらい，さまざまなサービスをワンストップで提供してきたが，方針転換が必要かどうか悩んでいる。

- 事象⑤：当社はこれまでさまざまなメニューを開発してきたが，メニューが整理されておらず，社内に徹底できていない。そのため，来店客への提案が十分にできておらず，ホームページにもすべてのメニューが記載されていない状態である。

- 根拠・背景①：地方は都会と違い，ターゲット顧客となる地域住民のボリュームが小さいため，ターゲットを絞り込みすぎると十分な数の顧客は獲得できないのではないか。

- 根拠・背景②：多くのメニューを顧客にアピールできていないから，顧客は当社の価値を認識できず，顧客が離れていったかもしれない。

- 根拠・背景③：顧客が当社の価値を認めてくれたら，競合他社より価格が高くても当社を選んでくれるのではないか。

- 仮説：ホームページでわかりやすくサービス内容を記載し，来店客にサンプルなどを見せながら高付加価値の追加メニューを提案することで，当社の差別化された付加価値を顧客に認識してもらうことができるだろう。そうすれば，従来どおり幅広いターゲット顧客に向けてさまざまなサービスを，他社より高い価格で提供しても，顧客は納得して当社を選んでくれるはずであり，収益を改善することはできるであろう。

　この事例は，さまざまな事象について１つひとつ根拠や背景の仮説を立

ていき，結論としての仮説を立てていく方法です。

　このように事象が複数あって煩雑になっても，それらの根拠や背景を丁寧に探っていけば，質の高い仮説を導き出すことが可能です。実務では，こうしたさまざまな事象から推論することが重要です。

　次の事例は，仕出し事業の経営改善の内容で，2つのステップで明記します。

[仮説的推論の事例⑥　仕出し事業の経営改善（ステップ1）]

> ● 事象①：仕出し事業の会社で赤字が続いており，メイン銀行から給料の高い人材のリストラを提案された。
> ● 事象②：給料の高い社員は主に管理者で，現場のとりまとめを担当しており，業務の高いスキルを持っている。
> ● 根拠・背景：管理者をリストラすると，人件費は大きく削減できるが業務が回らなくなり，業務の品質が著しく低下するのではないか。
> ● 仮説：メイン銀行の提案どおり人件費の高い人材を解雇すると，一時的なコストダウンは可能だが，業務の品質低下で顧客離れが起き，さらなる業績悪化を招くであろう。

　このように社長は，現場が混乱することは予測できたのですが，債権者である金融機関からの提案を断ることができませんでした。そして，現場を管理指導している管理者を数名解雇しました。

　この続きが，次のステップ2になります。

［仮説的推論の事例⑥　仕出し事業の経営改善（ステップ２）］

> - 事象：メイン銀行の提案どおり管理者をリストラしたところ，スキルを持った人材が不在となって現場は混乱し，サービスの質が低下して多くの顧客からの注文が来なくなり，業績はさらに悪化していった。
> - 根拠・背景①：業績悪化の原因は，現場を指揮できるスキルのある人材が不在になったことでサービスが著しく低下した。
> - 根拠・背景②：現在，現場の高いスキルを持った人材は社長のみ。
> - 仮説①：暫定的に社長が現場に入って現場をコントロールすれば，現場の品質は改善し，顧客を取り戻すことができるだろう。
> - 仮説②：社長が現場を指揮しながら，次の指導者をOJTでノウハウを伝えて育成すれば，サービスの品質も業績も改善して安定するであろう。

　この事例では，暫定的に社長が現場に入ることで，サービスはすぐに改善しました。そして流出した各クライアントに社長自ら訪問し，これまでの事情を説明して，自社に戻ってくるように依頼しました。

　これにより，業績は短期間で改善することができました。

　このように，仮説的推論では，事象（現状把握と問題点）の根拠（原因）の仮説を立てたり背景を探ったりすることで，より効果を発揮することができます。

　これは，課題解決思考の応用編であり，原因究明を仮説によって導き出したり，現状把握を背景まで広げたりするものです。それ故に，仮説力は課題解決力向上のための重要な要素であることがわかると思います。

7-5　仮説的推論から顧客インサイトを推論する

　さらに，仮説的推論法を使って「顧客インサイト」を探ることもできます。

　顧客インサイトとは，顧客の隠れた本音などの「潜在ニーズ」のことを指しますが，顧客の「真のニーズ」ともいえます。マーケティングで重要なのは顧客ニーズを把握することです。顧客は自身のニーズを認識できていないケースが意外と多いですが，「悩み」「困りごと」「不満」などのネガティブな要素は直感的に感じています。そのため，顧客からのアンケートで顧客インサイトを見出すためには，ニーズだけではなく，悩みや困りごとなどの情報を収集するとよいでしょう。

　もし優良客がいれば，さまざまなニーズや現行商品の改善策などについて，積極的に提案してもらえます。しかし，ブランド力のあるBtoCの商品でない限り，こうした優良客がいるとは限りません。

　なお，中小企業ではアンケートを取るのも難しい場合が多くあります。そのような場合に有効な仮説的推論を活用して，顧客インサイトを見出すことをおすすめします。

　実際に仮説的推論を活用した事例を紹介しましょう。この手法は，さまざまな商品・サービスの開発の場面で活用できます。

　まずは，近年人気の現場作業員向け作業服の新製品の開発を，仮説的推論で導き出した事例です。

[仮説的推論法による顧客インサイトの推論の事例①　工場現場の作業員]

- 事象①：近年の夏の猛暑の中での工事現場の作業は非常につらい。
- 根拠・背景①：手作業のためうちわやハンディ扇風機は使用できない。
- 根拠・背景②：作業員は，必ず作業服を着ている。

- 仮説①：作業服と扇風機を組み合わせた「ファン付き作業服」を開発すれば，多くの需要を取り込むことができるだろう。
- 仮説②：着心地や動きやすさは従来どおりで，ファンは炎天下でも涼しく感じる強力なもの，そして1日の作業時間である8時間はバッテリーが持つことが必要であろう。

　続いて，牛肉の総菜屋の事例で，社長が人気商品の開発を模索している際の，顧客インサイトを推論する事例を伝えます。

[仮説的推論法による顧客インサイトの推論の事例②　総菜屋の商品開発]

- 事象①：某総菜屋では，「和牛カルビ弁当」が人気である。
- 事象②：社長は牛タンが好きで，特に肉厚が好みである。
- 根拠・背景①：牛タンは普通の肉より少し特別感があって人気があるから，自分と同じように肉厚の牛タンが好きな人はきっと多いだろう。
- 根拠・背景②：ピザでも1枚でいろいろな種類が選択できるものが流行っているので，一食でカルビと牛タンの両方を味わいたい人は多いのではないか。
- 仮説①：「牛カルビ・牛タン弁当」を開発したら人気商品になるに違いない。
- 仮説②：これに半熟卵を追加すれば見栄えや色合いも良くなり，単価を上げても顧客は買ってくれるのではないか。

　これら事例は，一般消費者向けであるBtoCの事業であり，本人自身が顧客と同じ立場であり仮説が立てやすいため，自身で根拠を掘り下げて仮説を立てる方法です。

　また，6-2 で示した，組み合わせで創造力を発揮する手法を活用すれ

ば，新たな商品開発のヒントが得られます。こうした使い方によって，仮説的推論をより実践的に活用することができるようになります。

　その他，自社の事象（現状把握）ではなく，他社や他のカテゴリーを参考にして仮説的推論を活用する方法もあります。

[仮説的推論法による顧客インサイトの推論の事例③　アイスの商品開発]

- ●事象①：地方でアイスを販売する個人店で，人気のアイスの開発を企画している。
- ●事象②：コンビニで，バニラの中にチョコレートが入ったアイスが大人気である。
- ●根拠・背景：そのアイスはバニラのミルク感が濃厚で，バニラの中に固形のチョコがまんべんなく大量に入っていて，チョコの濃厚な味わいと食感が味わえる。
- ●仮説：濃厚バニラに固形のチョコを大量に入れたアイスを開発すれば人気が出るのではないか。

　この事例では，単にチョコとバニラを合わせるだけでなく，「濃厚バニラ」と「大量の固形チョコの味わいと食感」という「真の強み」を掘り下げることがポイントです。

　他社の商品を参考にする場合，表面的な強みではなく，課題解決思考で真の強みまで掘り下げることが重要であることがわかると思います。

7-6　仮説的推論で「実践スキル」を飛躍的に高める方法

　続いて，仮説的推論で実践スキルを飛躍的に高める方法について説明します。

　7-4 で，仮説力を高めるには実践スキルが必要であると伝えました。しかし，この実践スキルを自ら習得する場合は，経験を積みながら新たな気づきを得て，それをノウハウとして記憶するという，非常に手間と時間がかかって非効率なものです。

　また，5-1 で「ノウハウは自分で使えるようになればスキルになる」という話をしましたが，実践スキルが乏しい場合はそのノウハウが正しいかどうかは実践してみなければわかりません。

　つまり，1つひとつ現場で実証しなければならないのです。そのためには実践する機会がなければならず，そうしたチャンスがいつ来るのかはわからない場合は，なかなかノウハウを実践スキルにすることが難しくなります。

　会社員で1つの部門で数年以上同じ業務を続ける場合や，専門コンサルタントで同じ業種・職種を長年携わるのであれば，このような悩みはないかもしれません。しかし，派遣社員でさまざまな会社を経験する場合や，経営・事業再生コンサルタントで常に異なる業種の企業を調査するのであれば，ノウハウを蓄積する期間は限られます。

　このように実践スキルを増やしていくには，一定の時間と労力がかかるものなのです。コンサルタントで一般論を演繹的に使用して，当てはめ思考に陥るケースが多いというのは，ノウハウを習得するための実践機会が少ないことが原因なのです。

【原因究明の手法の違い（情報収集／仮説）】

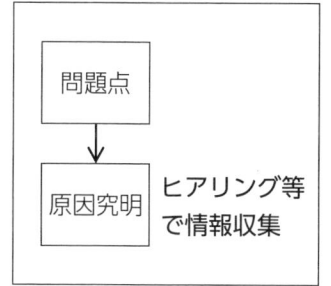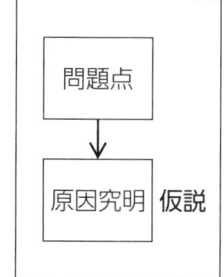

　こうした課題を解決するために，仮説的推論を使って実践スキルを飛躍的に高める方法を紹介します。

　前章で説明しましたが，課題解決思考の原因究明に仮説を使う方法です。つまり起こった事象（問題点）の根拠（原因）の仮説を立てるのです。

　これまで紹介した事例で見ていくと，まず自身の知識として，演繹法で習得した一般論である「社長は戦略を構築し，社員が戦術を構築する」を学んだとします。

　しかし，帰納法および課題解決思考の手順で中小企業A社を確認すると，従業員は作業ばかりで思考の仕事をしていません。実際に従業員を巻き込んで議論をしたところ，繰り返し自身の与えられた業務をこなしているだけで問題意識も低く，施策の提案はほとんどなく，いくつか出てきた提案内容はとても効果的なものではありませんでした。

　この要因は，中小企業の多くは人材が乏しく，社員は与えられた個々の作業しかしていないため，思考の業務を行える人材がいません。そのため，戦術を構築することは難しいであろうと考えられます。

　また，大企業と比べて給料は大幅に安く，インセンティブも少ないため，自身の業務以外を行うモチベーションも低いものでした。

　これは，他の規模の小さい中小企業でも同じことがいえるものです。

　そこで仮説的推論を活用すると，中小企業では社員が戦術を構築するのは困難であり，社長が能力的に低い場合でも社長が構築するしかないと考えられるのです。

　このようにして仮説的推論を活用すれば，実体験を経ずに，他者の状況を確認することなく，実践スキルを習得することができるわけです。

　さらに，仮説・検証を行う場合は，演繹法の「社長は戦略を構築し，社員が戦術を構築する」というのは中小企業には当てはまらないケースが多く，「中小企業では戦略も戦術も社長が構築するしかない」というのが実態であることを再確認できます。

【仮説的推論による実践スキル習得方法】

ステップ	事　例
演繹法	● 社長は戦略を構築し，社員が戦術を構築する
課題解決思考 （問題点）	● Ａ社の従業員は作業ばかりで思考の仕事は未実施 ● Ａ社の従業員を巻き込んで議論しても施策は何も出てこない
課題解決思考 （原因究明） 仮説的推論 （根拠・背景）	● 中小企業の多くは人材が乏しく，社員が作業しかしていないため，思考の業務を行える人材がおらず，戦術を構築できないだろう ● 給与は安く，インセンティブも少ないため，自身の業務以外を行うモチベーションも低いのだろう
仮説的推論 ＝実践スキル	● 上記の原因（根拠）により中小企業では社員が戦術を構築するのは困難 ● そのため社長の能力が低くても，社長が戦略だけでなく戦術も構築するしかないことは，多くの中小企業で当てはまるものであろう

検証	● 他の中小企業でも同様であることを確認した
実践スキル	● 多くの中小企業は社長が戦略だけでなく戦術も構築する必要がある

このように，課題解決思考の原因究明を仮説で行うことで，仮説的推論をさまざまな場面で有効に活用できるようになります。1つひとつ経験を積まなくても，仮説を立てることで実践スキルを増やしていくことが可能になるのです。

7-4 で「多くの実践スキルを身につけていれば仮説力は高まる」と説明しましたが，これは外部からの情報を，脳内のより多くの実践スキルと結合させることができるからです。そして本項で説明したとおり「仮説力が高まれば実践スキルを増やすことができる」というのは，多くの実践スキルを脳内に蓄積していれば，この実践スキルを使って，自身の頭の中だけで仮説・検証することができるのです。

つまり，「実践スキル」と「仮説力」は相乗効果があり，各々を一定レベルまで高めることができれば，ビジネス書やテレビ，仕事のちょっとした出来事から，仮説的推論を使って仕事につながる実践スキルを習得することができるようになるので，ブレイクスルーして成長曲線を一気に跳ね上げることが期待できます。

上級編

7-7　具体策の効果・実行可能性・リスクの仮説

　本章の最後に，課題解決思考の具体策構築に関する「効果」「実行可能性」「リスク」の仮説について解説します。

　課題解決思考で導き出した具体策が，複数の施策の提案があれば，これらの中から1つに絞り込む必要があります。

　複数案を同時進行させたり，複合的に実行したりする場合は別になります。1つに絞り込む場合は，どの施策が自社や自身にとって最も有効なのかを仮説を立てて判断する必要があります。

　これらを判断する要素としては，大きく「効果」「実行可能性」「リスク」の3つになります。これら3要素について，自社の経営資源，顧客や競合の状況に応じて各々の要素の仮説を立てて重み付けを行い，どの案を採用するかを総合的に判断します。

　まず，「効果」とは，顧客にとってのメリットの大きさのことであり，どの程度顧客にメリットがあるのかという定性的な仮説を立てるというものです。自社のメリットではありません。

　例えば，A案とB案があったとして，顧客と自社の各々のメリットとデメリットを洗い出した際に，顧客のメリットが大きい案を採用するということです。

　顧客のメリットが大きいほど，結果として自社により多くの収益をもたらすという考えです。

　「実行可能性」とは，自社や自身の経営資源を踏まえて実施できるか否か，どの程度実施できるかの仮説を立てて判断することです。実行可能性はヒト・モノ・カネの経営資源から判断します。

【複数案の選択方法例】

　具体的には，ヒトの面では，実施する人材がいるか，その人材のスキル
は十分か，外部委託で対応できるのか，モノの面では現行の商品・サービ
スで対応できるのか，他社から仕入れることができるか，そしてカネの面
では施策を行えるだけの資金があるか，などについて考えます。

　「リスク」とは，実施した際に被害が発生する可能性やその影響の大き
さについて仮説を立てることです。マーケティングなどではリスクの仮説
を立てることの重要性はそれほど高くはありませんが，新事業への進出や
M&Aなど，これまでとは異なる，自社や自身で精通していない領域へ参
入する場合，リスクを洗い出してあらかじめ織り込むことは，リスクヘッ
ジを図るのに重要です。

　これらの仮説は法則ではなく，仮説を立てる意識を持って取り組むとい
う性質のものなので，「実践スキル」と「仮説力」が必要です。

　特に効果と実行可能性の仮説については，あらゆるケースで必要な要素
であるといえるでしょう。

【具体策のリスク・効果・実行可能性の仮説】

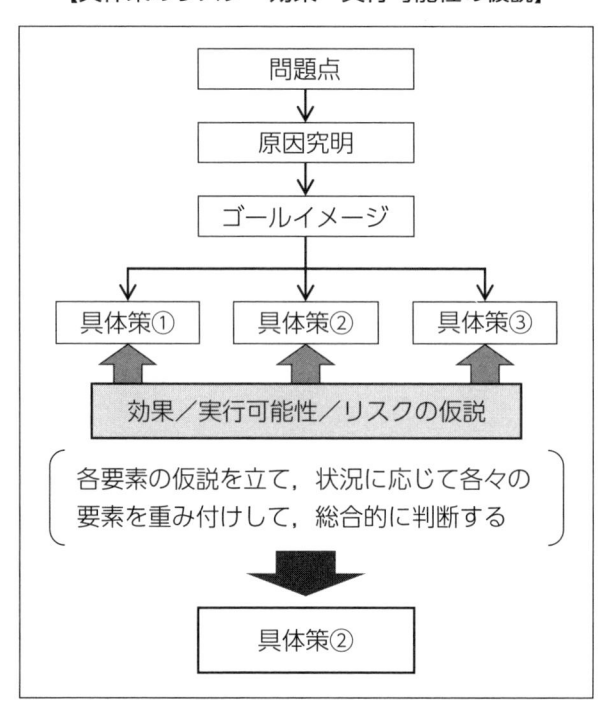

IV　実践編／第8章

思考のテクニックを活用して「プロフェッショナル」になる

8-1　成果を出し続ける，成長し続ける方法（会社編）

　実践編では，読者の皆さんがプロフェッショナルになるために，直接役立つような内容をいくつか紹介します。

　まずは，仕事で成果を出し続けられるデキるビジネスパーソン，プロフェッショナルになる方法です。

　これについては，これまで本書で説明してきたさまざまな内容を着実に実施することが基本です。日々の業務でシンプルに課題解決思考を実行し，要所で思考力アップ三法則を活用すれば，必ず仕事の質とスピードは著しく向上します。

　本項は，成果を出し続ける，成長し続ける方法の会社編になり，これまで紹介した内容の活用法を職種別に紹介します。

　はじめに経営について説明します。

　会社のライフサイクルは，主に導入期・成長期・成熟期・衰退期の4つの時期がありますが，ここでは主に成長期と衰退期について解説します。

　成長期の企業では，当然，企業を成長させることが重要なため，日々，市場や競合他社の動向を把握しながら，市場機会を他社よりいち早く見出すことが大切です。

　競合他社が実施していない市場の課題を発見して，その問題を解決する施策にニーズがあるのかの仮説を立てて，自社の経営資源を踏まえて施策を次々と打ち続けるのです。

　この一連のサイクルを繰り返し，実施するためのしくみ（ルーチン）を構築して体制を整えれば，常に他社より先行する組織を作り上げることができます。

　市場の課題を効率的に発見する方法は，**7-5** の顧客インサイトのとこ

ろで説明した，ニーズや「悩み」「困りごと」「不満」などを顧客から直接，収集する方法です。

アンケートや顧客から直接ヒアリングで収集するとよいでしょう。その他，客としてモノを使ったりサービスを受けたりして，自ら体験して課題を探り出す方法も有効です。「どこに問題があるのかを発見する」というアンテナが立っている状態で体験すれば，課題が見つかりやすいからです。

しくみ化のポイントは，全体のプロセスを構築することです。

単独で実施する場合はすべてのプロセスを1人で行いますが，複数人や部門別で分担する場合は各プロセスで担当分けして実施します。

複数人や部門別の場合，作業業務と思考業務を分けるなどして，得手不得手を踏まえて担当を決めると効率的です。そうすれば提案事項が迅速に最終決裁まで上がります。経営者が最終決断をするのが早くなります。

このように一連のサイクルを迅速に繰り返すしくみを構築して常に他社より先手を打つことができれば，顧客から「質の高い」「使いやすい」などの評価を獲得することができます。そして，市場でブランド力を高めることができるので，クチコミなどで広がって成長し続ける企業へと進化させることができます。

一方で衰退期の企業では，会社内部の問題を解決することと，自社の強みを活用して売上を伸ばしていくという，双方を同時並行で実施することが求められます。

売上や利益を向上させる方法については成長段階の施策と同様です。会社内部の問題を解決する場合は，**6-4** で事業デューデリジェンスの手法について説明したとおり，機能別に会社全体の現状を把握して問題点をあぶり出し，1つひとつ改善していくことが必要になります。

その他，業界全体が衰退期で今後も売上が減少傾向となる可能性が高い場合は，**6-2** の創造力を発揮して，他情報との組み合わせで新たな価値を生み出していくことが求められます。

　その場合，何と組み合わせるかが重要なポイントとなります。したがって，グループでブレインストーミングを行って，幅広くアイデアを出して絞り込んでいくとよいでしょう。

　次に営業についてですが，既存顧客の囲い込みでも新規開拓でも，しっかりと自社商品の強みと顧客のベネフィットを伝えます。そして顧客情報を収集して現状把握を行います。顧客の困りごとや悩みなどの問題点を見出し，自社製品でどのように解決するかを提案することが重要です。

　クライアントと個別に面談する営業活動以外に，ホームページで自社の強みや価値を発信します。また，SNSで顧客とのタッチポイントを増やして幅広い顧客から問い合わせが来るようにします。そして，個別面談に持ち込んで受注を取りきるという組織的活動が必要になります。

　このように，売上を向上させるには組織的に取り組むことが必要です。多くの企業が売上アップを営業担当個人の営業力に任せていますが，それだけでは不十分なのです。

　営業担当が行う「営業活動」のほか，企業全体でホームページやSNS，チラシなどを活用する「販促活動」，ターゲットを明確にして効率的な活動のしくみを構築する「マーケティング活動」，そして製品の価値を高めて価値を浸透させる「ブランディング活動」を融合してプロセスを構築します。 **6-5** で説明した「売上アップの4手法」の融合です。

　各プロセスで誰が何をするのかを決めて役割を明確にするというように，組織的に取り組んでしくみを構築することが重要です。

　具体的には，まずは自社や自社商品を知らない「未認知客」に対して，集客活動あるいは訪問をします。自社製品・サービスの価値（差別化）と顧客のベネフィットを伝え，属性を入手します。次に，今ではないが将来的に必要になる見込客である「そのうち客」に対して，ニュースレターやメルマガなどで定期的にアプローチします。価値の発信を継続して浸透を

図るとともに，購買意欲を掻き立てるセールス内容を発信します。

この「そのうち客」への定期アプローチによって，顧客が欲しいと思うタイミングを注意深く見守ります。そして，そのうち客が，「今，欲しい」という状態になった「今すぐ客」に対しては，個別対応に注力して確実に受注できるようにします。

このように，顧客の成長段階の各ステップで誰が何をするかを明確にしてしくみ化します。すると，日常の売上アップの活動が，ルーチン化された「作業」と，個別対応の「思考」に分けて実施できるので，業務の効率化とともに高い効果が期待できます。

そして，営業担当個人の属人的施策から，組織全体で行うルーチン業務に変化するため，各担当が日常業務を行うだけで売上アップが望めるようになります。

注意点としては，**2-6** でも明記しましたが，ホームページや営業ツールの「コンテンツ」については，外部の業者に任せるのではなく自社で構築することです。

外部専門家は自社の製品や強みをよく理解していません。外部の専門業者に依頼すると，デザインなどは綺麗に作りますが中身がないものに仕上がってしまい，「自社の価値を詳細に浸透させる」というホームページ本来の目的を達成することができなくなります。

チラシや営業ツールも同様で，キャッチフレーズなどで目が留まるようにします。自社の価値である「真の強み」によって，顧客の悩みを解決したり，欲求を満足させたりするという基本ストーリーをコンテンツに組み込まなければ，チラシは読まれずに捨てられてしまうことでしょう。

なお，各企業にとって最も関心の高いのが「どうすれば売上を安定して向上させるか」ということです。

売上向上を安定化するためには，新規顧客の開拓と既存顧客のリピート化の取組みを同時並行に実施し続けることです。そのポイントは「ブラン

ディング活動」，つまり「価値向上」と「価値浸透」の双方を徹底的に磨き上げることです。

　価値向上で特に重要なことは「製品力向上」です。顧客が望む良い製品でなければ，もし発売当初に売れたとしてもリピートされず，売上向上は続きません。そのため，常に顧客のニーズや悩み事，市場環境の変化を捉えて，新製品開発や既存製品の改善などを繰り返す，その体制作りが大切です。

　価値浸透で重要なのが，自社の価値，こだわりを明確化し，それらを発信し続けて浸透させることです。そうすることで，その企業・製品の「○○といえばA社」というブランドを確立でき，リピートが増え，口コミなどで自然と顧客が増えて売上向上が維持できます。

　こうして価値向上と価値浸透の取組みによって，新規顧客の開拓と既存顧客のリピート化がしくみ化され，自然と売上向上の安定化が実現します。

　現在のマーケティングの専門家は「テクニック（手法）」に偏重し，市場では「コンテンツ（中身）」がなおざりになっています。しかし，チラシ・ホームページ・ネット配信，いずれにおいても，最も重要なのがコンテンツなのです。

　また，市場で認識されるブランディングとは「デザインの洗練」であり，多くのブランドコンサルはデザイナーであるのが現状です。しかし，ブランディングとは価値向上と価値浸透，つまり経営そのものであることを認識することが大切です。

　続いて，間接業務では，個人の問題と，業務そのものの問題があり，その両方について課題解決思考を意識して取り組む必要があります。

　まずは，個人の問題は，業務について「スピードが遅い」「品質が悪い」などの問題があれば，その原因を究明して1つひとつ改善することが，個人の成長につながります。

　例えば，仕事のスピードが遅いという問題点の原因が，パソコン入力が遅いのであれば，ブラインドタッチをマスターする，といった具合です。

　また，業務の問題については，例えば「フォーマットに不備があって確認作業で手間がかかっている」ということであれば，フォーマットに不足の項目を追加していけばよいですし，システム全体を構築して効率化を図ることもできます。

　ただし，システム導入には注意が必要です。

　外部専門家に要望を伝えるだけで丸投げしてしまうと，完成したシステムは使い勝手が悪く，結局は生産性向上に寄与しないものとなってしまいます。このように中身まで丸投げすることで，膨大なコストをかけても十分な効果が得られない場合が非常に多いのです。

　私がコンサルティングを行ったさまざまな企業でも，導入したシステムの使い勝手が悪く，不満が噴出しているケースを何度も見てきました。

　このような状況を回避する方法は，システムのグランドデザインとプロセスというシステムの基幹部分については，外部に委託するのではなく，自社の業務を熟知している社員が作成することです。

　具体的には，自社の業務の全体像をまずは描いて「情報整理・見える化」を行います。

　そして各業務の問題点を抽出し，各問題点の改善策を整えて「集中整理・一覧性」に整理します。この資料を見ながら，システムに適合するようにフローチャートに落とし込みます。

　これらの作業は，プログラミングなどの専門知識がなくても作成することは可能です。

　次に，現場作業の職人や製造業・サービス業の専門職では，業務の質とスピードを上げるためには徹底して専門スキルを磨き上げることです。

　そのためには，ノウハウを整理したマニュアルを作成したり，OJTで先

実践編

輩などから指導を受けて基本を学んだりする体制を作り上げることが必要です。

　マニュアルやOJTで一人前のレベルのノウハウを習得できるようにすれば，短期間で一定レベルにボトムアップするしくみが出来上がります。

　それ以降のさらなる成長のためには，業務を手法レベルまで分解し，各手法でプロと各人のスキルを詳細に比較して分析することです。

　プロと比較すれば，プロと自分のどこが違うのかという問題点を発見しやすくなります。問題点がわかれば，その原因を究明して改善に取り組めます。こうした課題解決思考を日々繰り返せば，数か月後，数年後には，他者を圧倒できるレベルに到達しているでしょう。

　最後にコンサルティングですが，コンサルタントの力量を判断する一番の要素は「分析力」と「提案力」です。

　分析力とは問題点と強みを発見して原因を究明すること，提案力とは問題の真の原因にメスを入れた解決策を提示することです。

　つまり，コンサルタントという職業は，課題解決思考を実務のルーチン業務のように活用する職業なのです。この分析力と提案力を駆使して，支援企業に踏み込んだ支援を行うことが大切です。

　ただし，日常的に専門知識を相手企業に提示する当てはめ思考が横行しているため注意が必要です。クライアントに対して知識を提供するだけでは，いくら現場を経験しても，そこから学ぶことがほとんどないため成長は望めません。

　しかし，日々の支援で課題解決思考を繰り返し行っていれば，実践スキルが増えていき，分析力や提案力は確実にパワーアップしていきます。

8-2　成果を出し続ける，成長し続ける方法（個人編）

　続いて，成果を出し続ける，成長し続ける方法の個人編です。

　プロフェッショナルのレベルに到達するには，「永続的」に成長し続ける，成果を出し続けるという結果に結びつける必要があります。それには思考法や実践スキルだけでは不十分です。

　そこで，本題である思考法とは少し外れる内容も含まれますが，「プロに必要な5つの要素」を紹介します。

　1つ目は「やりきる力」です。

　つまり，困難が立ちはだかっても，目的を達成するために長く継続的に粘り強い努力をして最後までやりきるスキルです。

　成長や成果は，難易度やレベルが上がるほど時間や負荷がかかるため，その中でやり続けるためにはやりきる力が必要です。

　世の中には当然，やりきる力のない人，継続できない人がいますが，性質や価値観の問題なので，自分に合った目標を設定して，その範囲内でやりきればよいと私は思います。

　2つ目は「目標設定」です。

　成果を出すことも，成長することも，目指すべきゴールを設定しなければ，努力を続けることは難しくなります。

　「業界でトップの会社を作りたい」「売上100億円を達成したい」「営業成績で一番になりたい」という定量面での目標を立てます。その他，「金属加工職人のプロになりたい」「会計面と事業面の双方で支援ができるスキルを身につけたい」「どんな要望でも瞬時に相手に的確な提案ができるスキルや思考力を身につけたい」といった定性面の目標も大切です。

　脳というのは，目標を設定すればそれに向けて動く性質があるので，脳的にも目標設定は重要になります。

　3つ目は「目標達成への思いの強さ」です。

　やりきる力を持って目標を設定しても，実現する思いがなければ続けられません。プロフェッショナルを目指す人は，「プロになる」という強い思いが必要です。

　例えば，難関資格を保有していても，「資格試験の合格（資格を取得する）」が目標で，実務でプロになるという思いがなければ，単なる資格保有者にとどまってしまい，その道のプロにはなれません。

　また，プロのスポーツ選手やオリンピック選手は，「優勝したい」「トップの成績を収めたい」「金メダルを取りたい」といった目標に対して強い思いで，毎日ハードな練習をしています。

　それだけではなく，毎日の生活習慣や食事などの体調管理にも気を遣い，徹夜で飲み歩いたり，タバコを吸ったり，お菓子ばかりを食べたりするような人はほとんどいないと思います。

　このレベルまで自身をコントロールできるのは，目標を達成するための強い思いを持っているからなせる業です。

　4つ目は「正しいやり方」です。

　ものごとを効率的かつ効果的に，スピーディかつ高品質に実施するためには，最短の時間と労力で実現できるやり方，手順があります。どのような手順なのかを理解し，手順に沿って行っていく必要があります。正しい手順を知らずに誤ったやり方を続ければ，せっかくの努力が報われません。

　課題を解決するための最短距離の思考法が課題解決思考であると説明しました。この思考法を知らずに難易度の高い業務にチャレンジしても，良い成果を出す可能性は大きく低下します。

　試行錯誤しながら，膨大な時間と労力をかけても解決せず，どうすればよいのか悩み続け，思考停止に陥り，結局解決させることができなかった，という結末に陥ることが多くなってしまいます。

　しかし，この課題解決思考の手順どおりに丁寧に実施していけば，最短距離で課題が解決できるということはお伝えしたとおりです。資格取得でも，勉強方法が合否や勉強に要する期間に大きく影響します。

　基本的に人の能力は大きく変わらないので，勉強方法の違いだけで，合格までに要した期間が平均の何倍もかかったり，何年かけても合格できずに諦めてしまう人も出てきます。

　このように努力を成果に結びつけるためには，正しい手順で努力することが大切です。

　努力を続けても成果が出ないのは，気合が足りないわけではなく，自身の能力が低いわけでもありません。単に方法論が間違っているということ，そして正しい方法で努力すれば必ず成果が出ることを，ぜひ覚えておいてください。

　正しいやり方の具体例は次項以降で説明します。

　最後の5つ目は「行動力」です。

　正しい思考法で解決策を導き出しても，成果を出すには実現するための行動力が必要です。

　成功しているベンチャー企業の経営者は，事業を成功させるためにとてつもない行動力を発揮して，さまざまな高い壁をぶち破って成功を収めているケースが非常に多く見られます。

　彼らは機会を捉える感度が高く，チャンスと感じたら即行動に移します。正しい思考法で，企業を成長させるための課題を迅速に見出して，仮説を立てながら考えられるあらゆる施策を打ち出して，次々に課題を解決に導いているのです。

実践編

私自身は，当初は「自身がレベルアップでき，世の中の役に立ったと実感できる仕事につきたい」という考えから事業再生コンサルティングを始めましたが，コンサルティング業界のさまざまな課題が目に留まるようになって「コンサルティング業界を変えなければいけない」という思いが募りました。

【プロに必要な5つの要素】

① やりきる力
② 目標設定
③ 目標達成への思いの強さ
④ 正しいやり方
⑤ 行動力

そして会社の知名度や規模が判断材料となるコンサルティング業界の中で「ダントツ日本一のスキルを持った事業再生コンサルタントに，俺はなる」という決意を固めました。

2-5 の医者とコンサルタントの事例で示したように，コンサルティング業界というのはブラックボックスです。

何が正しいのか，何ができれば優秀なのかの判断が不明確であり，肩書や知名度で評価されるのが現状です。

そのため「大手であれば安心」という固定概念が蔓延しています。そうした中で，クライアントが「企業の医者」だと判断して信頼したコンサルティング会社やコンサルタントが，実はヤブ医者か，自社のパッケージを売り込む営業担当だったという状況です。

こうした現状を打開するには，報告書の中身や現場支援といったコンサルティングにおいて，大手コンサルティング会社より多少レベルの高い提案や支援を行ったところで，周囲の理解を得ることは困難です。

そのため，合理的に，圧倒的な力量で「ダントツ」の差を示すことが必要になります。

これらの大きな目標を達成するために，コンサルティング業界全体のさまざまな課題を1つひとつ見出して，各々を解決するためのスキルを身につけ，しくみを構築していきました。

　例えば，「どんな問題でも瞬時に解決策を導き出せる思考力を身につける」「短期間で1人で高品質な事業調査報告書を作成するしくみを構築する」「製造業・小売業・サービス業などさまざまな業種において必要な分析手法を構築する」「営業・販促・マーケティング・ブランディングの『売上アップの4手法』すべてに精通してどんな会社でも効果的な売上アップの施策を構築できるようにする」などです。

　さらに，現場で発生している細かい課題についても解決していきました。

　例えば，「売上アップの4手法を融合して，属人的だった売上アップの施策をルーチン化する」「どんな商品でも効果的なプロセスや営業ツールのコンテンツのしくみを築き上げる」「各業種，各場面のさまざまなケースで高いレベルのコンサルティングができる手法を構築する」「経営分析から事業計画，予実管理，資金繰り表といった一連の数値分析と管理を連動するフォーマットを組み立てる」「施策と事業計画を紐付ける手法を構築する」などです。このように，他のコンサルタントが実施できていないさまざまな市場の課題を見出し，そして，解決する具体的手法を次々に作り上げていきました。

　こうした一連の取り組みを行う中で，大きな2つの気づきを得ました。

　1つは，「コンサルタントはどんな状況でも確実に解決する『具体策』を提案できる『スキル（ノウハウ）』を磨き上げることが重要である」ということです。

　コンサルティングの世界では「方向性を示すだけでよい」「具体策は社長が考えればよい。具体策まで提示したら社長は考えなくなる」といったことが演繹的にいわれます。しかし，現場で「踏み込んだ」支援の経験があるコンサルタントであれば，これだけではクライアントを救うことはできず，まったく不十分だということは容易に理解できるはずです。

　私は自身のレベルを徹底的に上げるために，現場経験だけでなく，いろ

いろなカテゴリーの書籍やテレビ，ネット情報などからさまざまなノウハウを見聞きして実践スキルとして蓄積していき，さらにさまざまな場面で使えるようにしくみ化していきました。

　こうして，状況に合わせてさまざまな施策を打ち出せるようになり，現在はこれらのノウハウを，研修で多くのコンサルタントやその卵たちに教えています。

　そして，もう1つは，本書の本題になりますが「コンサルタントはどんな状況でも確実に解決する『具体策』を導き出せる『思考力』を磨き上げることが重要である」ということです。

　こうして，本書の内容のとおり，どんな状況でも，スピードと質の双方を一気に高められる思考法やそれに付随するテクニックを習得し，体系化していきました。現在は，クライアントのさまざまな質問に対し，課題解決思考と実践スキルを使って最適な答えを瞬時に提示できるレベルになっています。

　私が事業再生コンサルティングを開始したのは2010年ですが，これら5つの要素を実践することで，5年後の2015年には拙著『事業デューデリジェンスの実務入門』を出版し，翌年の2016年には「経営コンサルタント養成塾」を設立するまでになりました。

　さらに，ブランディング，事業性評価，M&A，PMIに関する具体的ノウハウを明記した書籍を次々に出版し，ノウハウを発信してきました。

　現在でもまだ不十分な点が多くありますが，日々のコンサルティングや研修，出版活動を通じて，さらなる高みを目指して実践スキルの習得を続けています。

　このように，本書の思考法に加えてこれら5つの要素を実践することで，確実に各々の業務のプロフェッショナルに成長することができるのです。

8-3　効率的な資格試験の勉強法①　暗記問題

　本項から，資格試験の勉強法について３つ続けて紹介します。

　自身の成長のために資格試験の勉強に取り組む人も多いと思います。しかし，社会人にとって，仕事で忙しい中での勉強は，難易度の高い資格では時間と労力が膨大にかかります。そのため勉強を始めてもなかなか進まなかったり，途中で頓挫したりする人も多いのではないでしょうか。

　ここでは，資格試験の勉強を効率的かつ効果的に行う方法について，資格試験の特徴に合わせて解説します。これらの勉強方法はもちろん，学生の受験勉強にも活用できます。

　まずは「暗記問題」です。

　暗記が苦手と感じている人は多いと思います。しかし，記憶力の乏しい人でも，脳のメカニズムを理解し，これまで伝えた課題解決思考とその他のテクニックを使えば，効率的に記憶することができるようになります。

　1-3 で「学生の脳は思考系・理解系が未発達で丸暗記ができる。一方，大人になると脳は思考系・理解系が成長し，これらが記憶系と連携しやすくなって脳全体の機能が向上するが，記憶系単独ではなかなか働かなくなる。そのため学生時代のひたすら暗記する学習方法，記憶系だけを鍛えるトレーニングは大人には不向き」と説明しました。

　つまり，膨大な暗記が必要な試験であっても，記憶力だけに頼った勉強では非効率であり，内容を理解しながら記憶していくことが大切だということです。

　理解というのは，2-1 で説明したように「言葉の意味を理解する」「言葉や内容がイメージできる」「因果関係がある（論理的につながりがある）」「自身で説明できる」ということになります。

　教科書でよく理解できない項目があれば，ネットなどで調べて理解し，

自身で要約して進めることが大切です。

　理解しなければ「丸暗記」になってしまい，なかなか記憶に定着しませんが，理解ができれば記憶として残りやすくなります。ただし，記憶すべき情報が膨大になれば，理解しただけですべてを記憶に残すことは困難です。

　そこで，次の法則を紹介します。

[短期記憶の長期記憶化]

- ●一度記憶しても，それは「短期記憶」ですぐ忘れてしまう。
- ●短期記憶を長期記憶化するには何度も繰り返し見て覚える。

　脳には，「短期記憶」と「長期記憶」があります。短期記憶の情報は「ワーキングメモリ」と呼ばれるところに格納されますが，すぐに記憶が消えてしまうため，これらの情報を長期記憶に保存する必要があります。

　それを判別しているのが「海馬」であり，長期記憶が保存されるのが「大脳皮質」です。

　つまり，新たな情報を確実に記憶に留める。そのためには，短期記憶の

【「短期記憶の長期記憶化」のイメージ図】

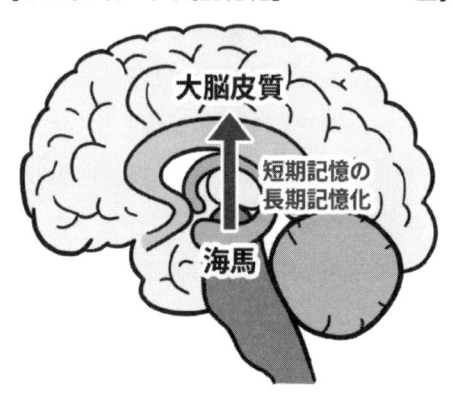

情報を，海馬を通じて長期記憶の大脳皮質に送り込む必要があるのです。

では，どうすれば効率的に短期記憶を長期記憶化できるのでしょうか。

脳科学的には幾つか方法はあるようですが，その中で最も効果的で資格試験やその他の勉強で実施しやすいものとして「繰り返し頻繁に見て覚える」という方法があります。

「記憶するには繰り返し勉強すればよいのは知っている！」と思われそうですが，重要なのは，繰り返しのタイミングや頻度と，それを実行するための手法です。

人の脳は一度勉強したことを1時間後には56％忘れ，1日後には74％忘れるといわれます。

そのため短期記憶を長期記憶化するためには，学んだ「直後」に「何度も何度も繰り返し」復習しなければなりません。

しかし，多くの人は，帰宅後に机の上で勉強できる限られた時間の中で，教科書の内容を理解不十分なまま記憶しようとします。理解や記憶が不十分な状態のまま，さらに先に進めて復習は週に2，3度程度で済ませてしまって「覚えては忘れ，忘れては覚える」という繰り返しに陥ってしまいます。結局，全体を進めるのに膨大な時間がかかってしまうという効率が悪いケースが見受けられます。

しかし，これでは，理解して覚えるのではなく丸暗記になってしまいます。また，記憶して復習する間が空きすぎてしまい，復習の回数もまったく足りません。

要するに，なかなか記憶ができない要因は，十分に理解できていないこと，学んでから復習するまでに間が空きすぎていること，そして復習の回数が少なすぎることです。

そこで，学んだ直後に高頻度で復習する効果的な方法を解説します。

多くのビジネスパーソンは，会社が終わった後の夜から寝るまでにかけ

実践編

【「短期記憶の長期記憶化」の手法】

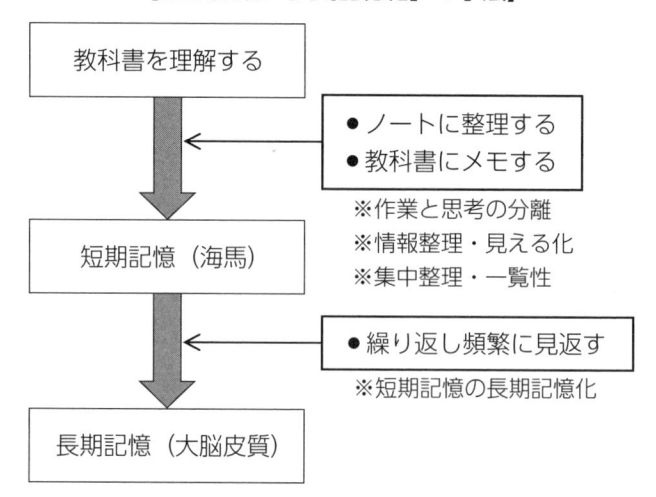

【エビングハウスの忘却曲線と復習の効果】

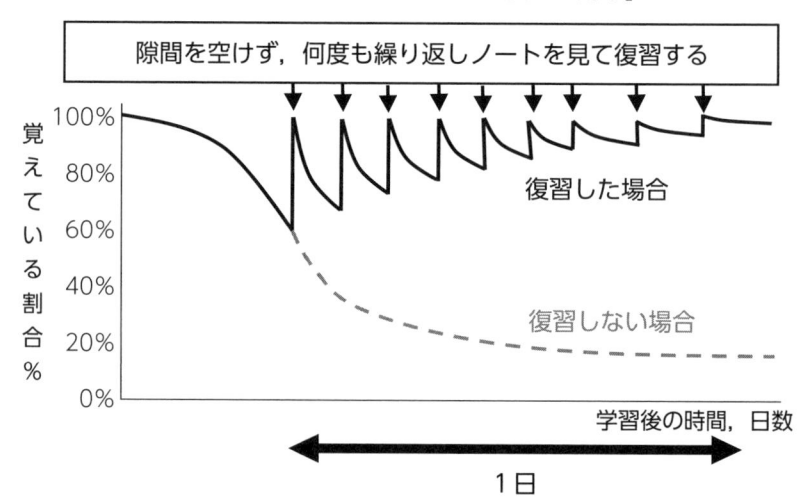

て勉強すると思いますが，それだけではなく，その日の勉強内容を，翌日の出勤から帰宅までの間に何度も繰り返し復習するのです。具体的には，通勤時の往復の電車の中や仕事の休憩を使って勉強します。

　何度も何度も繰り返し復習して，前日に勉強した内容をできるだけその日に記憶できるようにするのです。

　多くの人はその日の勉強を「帰宅後に机の上で行うもの」と思い込んでいますが，そうではなく，翌日の通勤や休憩の隙間時間をうまく利用するのです。

　こうすれば，覚えた直後に効果的に隙間時間で何度も繰り返し復習できるため，記憶に残りやすくなります。そして，机上でどんどん先に進めることもできるので，効率的に勉強を進めることができます。

　この勉強方法を行うために「思考力アップ三法則」を活用します。

　具体的にみてみましょう。

　会社から帰宅して自宅で勉強するときは，机上で行うことができます。そして，机上で勉強すれば，いろいろとネットで調べたり，教科書の内容を理解するための詳細説明や補足説明を教科書にメモしたり，ノートに整理したりすることができます。つまり「作業と思考の分離」と「情報整理・見える化」を使うのです。

　机上の勉強は教科書の内容を理解するために調べたりメモしたりノートに整理するような「作業」中心に行い，見るだけで理解できるように復習ノートに整理することに集中します。

　そして，昼間の隙間時間では，見るだけで理解できる復習ノートやメモ書きした教科書という「集中整理・一覧性」で整理されたものを，通勤時間や隙間時間に何度も見返して記憶するという「思考」に集中するのです。

　これで前日に整理した内容を次の日に概ね記憶することができるため，勉強した内容を記憶しながらどんどん先に進めるという勉強方法が可能となります。

実践編

【平日の勉強スケジュール】

平日	1日の勉強時間	スケジュール									
		6時	7時	8時	9時～12時	12時	13時～17時	18時	19時	20時～23時	24時
平日の生活			起床仕度	通勤時間	仕事	昼休み	仕事	通勤時間		自宅	就寝
復習ノート	1.5時間			30分	～	30分	～	30分			
机上の勉強	3時間				～		～			3時間	

　さらに，資格試験の勉強で厄介なのが「専門用語の記憶」です。聞いたことのない難しい漢字の羅列や長いカタカナ用語はなかなか覚えられるものではありません。

　そのため，専門用語だけを整理したものを作成して，集中的に繰り返し見直すことができるようにします。

　これにより，教科書や復習ノートを見つつ，専門用語のメモを個別に復習すれば，専門用語と接する回数の頻度が高まって，記憶しやすい状況を作ることができます。

　また，脳は計画的に実施することで活性化することがわかっているため，上の表のように日々のスケジュールを立てることで，挫折することなく，長期的かつ継続的に勉強を行うことができます。

8-4　効率的な資格試験の勉強法②　計算問題

　続いて「計算問題」の勉強方法です。

　計算問題と暗記問題はまったく異なる問題ですが，実は勉強方法には大きな違いはありません。

　計算問題の試験でよくいわれるのが「計算問題は解けるようになるまで繰り返し解け」ということです。これは予備校の先生なども含めてほとんどの人が言っていることではないでしょうか。

　そのため，多くの人が「難易度の高い問題を解いて，答え合わせをして，解答説明を読む」ということを何度も繰り返している状況だと思います。

　しかし，この方法では，難易度の高い問題では，問題を解くまでに数十分もかかるものもあります。しかも，解き方を理解しても翌日や数日後には忘れてしまうので，何度も繰り返し解いては忘れ，また解くということを何度も何度も繰り返すことになります。

　そのため，計算問題の参考書を1冊終えるのに半年以上もかかったり，結局，すべてを覚えきらずに途中で断念したりするケースが非常に多いのが現状です。

　なぜ，このようなことが起きるかというと，この「計算問題は解けるようになるまで繰り返し解け」というのが，実は大きな間違いだからなのです。

　計算問題の本試験では，難易度の低いものから高いものまで幅広く出題されるケースが多いと思います。そして，難易度の低い問題については，本試験で初めて解く問題であっても，多くの場合は時間内で解くことが可能です。しかし，難易度が高く，これまで解いたことがない問題であれば，本試験の限られた時間内で解くことは困難です。

　本試験で明暗を分けるのは，難易度の高い問題が解けるかになります。

なぜなら，簡単な問題は多くの人が解けるため差がつきませんが，難易度が上がるにつれて正解率は下がるため，本試験で難易度の高い問題をどれだけ正解できるかで差がつくからです。

そのため，計算問題の本試験で高得点を狙うには，事前に多くの問題に触れ，難易度の高いさまざまな問題について事前に解けるようになっていることが必要です。

そのためには，「短期間」で「より多くの問題」が「解けるようになる」という勉強方法をする必要があります。

しかし，これまでの「解けるまで繰り返し解く」という方法では，時間をかけて苦労して一度解けるようになったとしてもすぐ忘れてしまい，その苦労をまた繰り返すというように，非常に非効率な勉強法になってしまいます。

目的は，問題を「繰り返し解く」のではなく「解けるようになる」ことであり，繰り返し解くのはその手段の1つにすぎません。

そして，学生時代の受験のように勉強に費やす時間を多く持てる場合にはこの手段でもよいかもしれませんが，大人の限られた時間での勉強方法としては有効ではないのです。

そこで，短期間で記憶するには，前項の「記憶問題」と同様，「思考力アップの三法則」と「短期記憶の長期記憶化」を使って，間をあけずに高頻度で復習するという方法が有効です。

具体的には，限られた机上の勉強の時間に，問題の解き方を理解して，ノートに整理します。そして，日中の通勤時間や休憩時間の隙間時間を使って何度も繰り返しノートを見て記憶する，という方法です。

ただし，暗記問題と計算問題では1つ大きな違いがあります。それは，計算問題というのは解答の「プロセス」まで記憶しなければならない，ということです。

　簡単な問題では，問題からすぐに答えを導き出すことができます。けれども，難易度の高い問題になると，問題からさまざまな式に展開したり，図表を作成したりして，解答にたどり着くまでに多くのプロセスを要する場合が多くあります。

　そのため，暗記問題とは異なり，計算問題では，そのプロセスまで記憶することが必要になるのです。

　そこで，計算問題では，1問解くのに10分以上もかかるような面倒で難易度の高い問題については，解かずに解説を読んで理解するように努めます。具体的には，問題を読んですぐに解答方法が思いつかなければ，問題を解かずにすぐに解説と答えを見て，どのようにして解答を導くかを理解します。

　その上で復習ノートに，問題の解き方のプロセスをすべて整理します。

　つまり，難易度の高い計算問題は，机上の勉強では「問題を解く」ことではなく「解答方法を理解して復習ノートに整理する」ことに時間と労力をかけるのです。

　そして，復習ノートには，問題文と，解き方のプロセスを1から簡略化することなく丁寧に書き出し，問題から解答までのすべてのプロセスを整理します。

　例えば，問題があって，その問題を解くのに①式を書き，②表を作成して，③その表から導き出した数値を計算式に展開して，④数式を展開して，⑤答えを導き出す，というように，答えを導き出すプロセスをすべて明記します。

　また，そのプロセスで間違いやすい個所の注意点を赤文字で追記するなどして，本試験でのミス防止を図ります。

　後は，暗記問題と同様に，隙間時間を使って繰り返し復習ノートを見ることで，問題を解くプロセス全体を記憶するようにします。

　先ほど明記したとおり，目的は「解けるようになる」ことであり，「問

【計算問題の復習ノートの例】

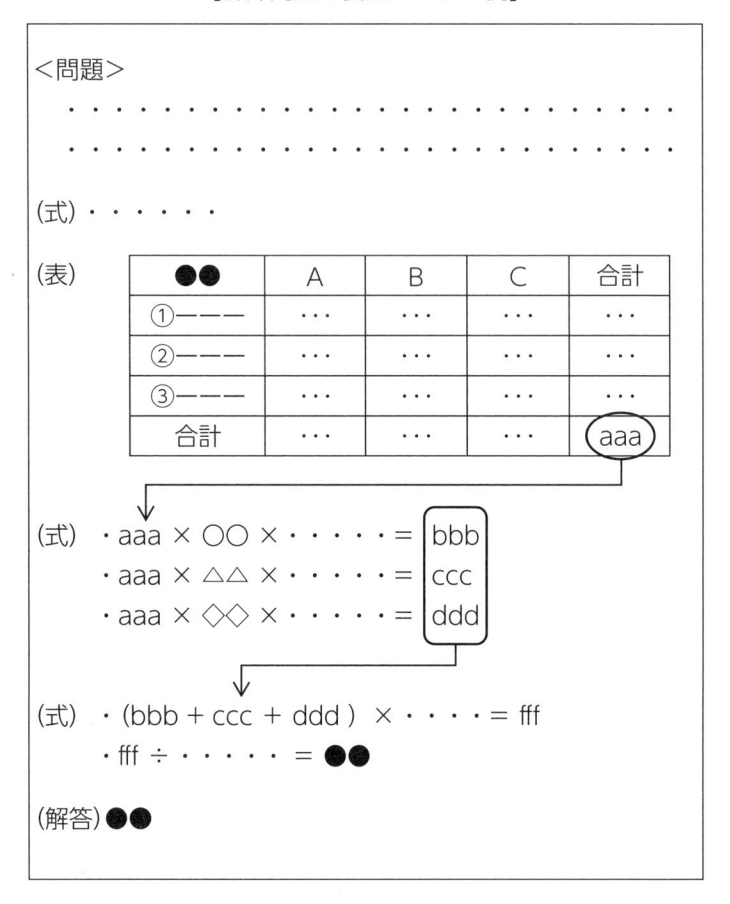

題を解く」のは手段にすぎません。

　そのため，解説をしっかり読んで理解します。そして，実際に問題を解くのに必要な図表や式を１つひとつ丁寧に復習ノートに整理します。

　なお，復習ノートには，難易度の高い問題と，一度解いて間違った問題を中心に整理します。演習問題ですぐに解けた問題をノートに整理する必要はありません。

　後は，隙間時間で復習ノートを繰り返し読めば，問題のプロセスまで記

憶することができるので，何度も解き直さなくても，その問題が解けるようになります。

　これにより，1問解くだけでかかっていた膨大な時間と労力の負担を大幅に軽減できるだけでなく，机上の勉強で同じ問題を復習する必要がないため，机上の時間で参考書をどんどん先に進めることができます。

　その結果，同じ期間で解けるようになる問題数は，次頁の図のとおり1か月で非常に大きな差が出ます。参考書1冊に半年以上もかかっていたところが，1か月程度ですべて完了させることが可能となり，2冊目，3冊目へとどんどん進めることができるようになります。

　そして，隙間時間に復習ノートを繰り返し見るだけで，ノートには問題とその解き方がすべて一覧性で整理されているため，どのように解くのかを集中して記憶することができます。

　つまり，ノートを見るだけで問題を解くのと同じ効果が得られます。

　そのため，「問題を何度も繰り返し解いてもなかなか記憶できない」という問題は，こうしてプロセスを見える化して繰り返し見返すことで解決できるのです。

　また，この方法にはさらなるメリットがあります。それは，プロセスを記憶することで応用力も身につくことです。

　例えば，本試験で，演習で解いた問題と類似した問題が出題された場合，もしプロセスを記憶していなければ，その問題を解きながらどうすればよいのかを試行錯誤しなければなりません。

　そうなると，問題を解くのに時間がかかり，ミスの確率も高まってしまいます。

　一方，プロセスを記憶していれば，そのプロセスのどこを変更して導き出せばよいのかを，問題を読んだ段階で想定できます。そのため，難易度の高い問題でも柔軟に解ける対応力，応用力が身につくのです。

実践編

【従来の勉強法（A）と超速レベルアップ法（B）の1か月で解ける問題数】

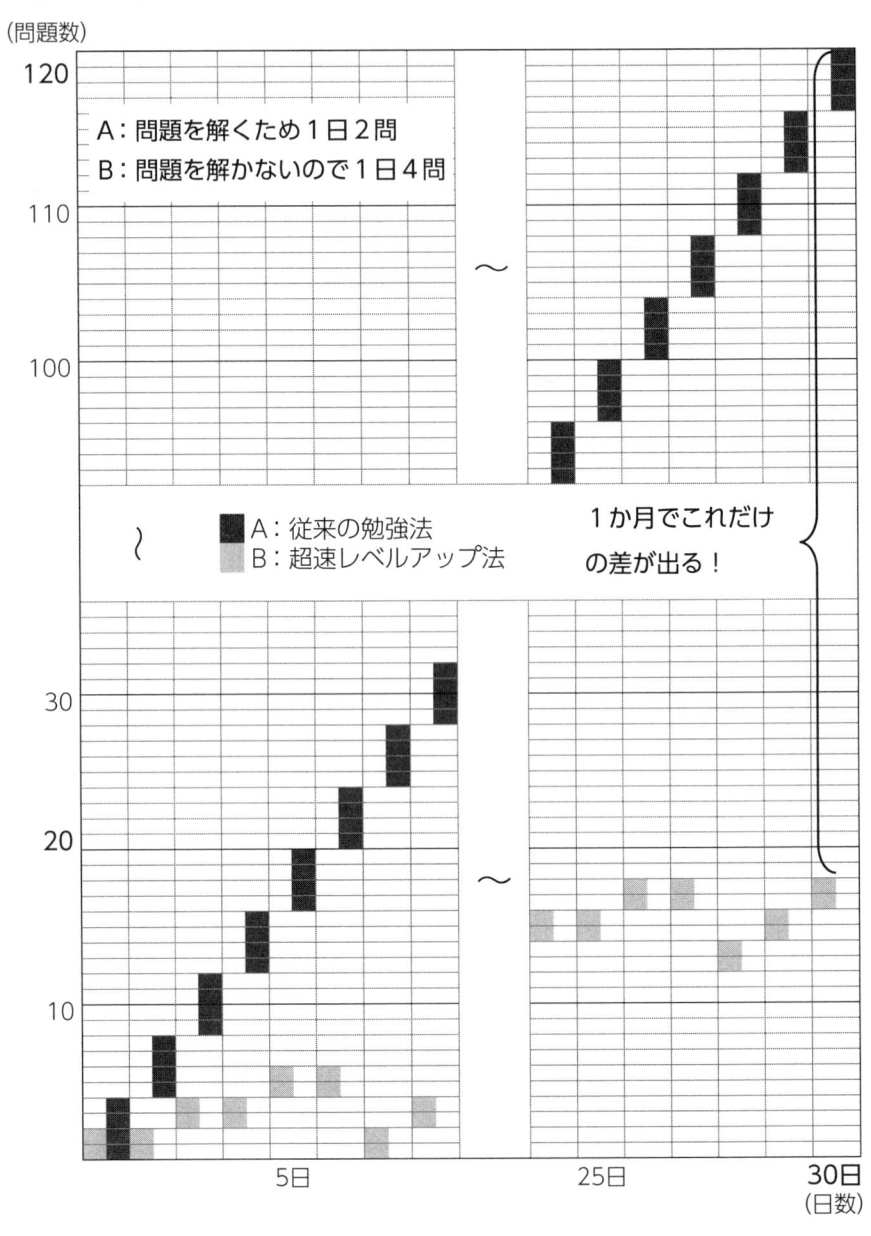

　このように，机上の勉強では復習することなく，どんどん先の問題に進むことができ，何冊もの参考書を短期間で終了させることができるのです。つまり，問題を繰り返し解く勉強法よりも極めて短期間で多くの問題が解けるようになります。

　そして，それらをプロセスまで記憶することができるので，本番での応用力も身につくという，最強の勉強法だといえるのです。

　なお，解き方を理解して，丁寧に整理・見える化できていれば，そのプロセスを記憶することは難しくありません。そのためこの勉強法を実践すれば，想像以上に短期間で成長することができるでしょう。

　文系出身の方など計算問題が苦手な人にとっては，計算問題は非常に難易度の高いものと考えがちです。けれども，これは解答にたどり着くまでの煩雑な式や図表の展開が理解できないことが大きな要因です。

　しかし，解答の解説を丁寧に読み込めば必ず理解ができます。そのためこの方法であれば，計算問題があまり得意でない人でも，短期間で成長することができます。

　一見，難易度が高そうに見える計算問題ですが，さまざまな専門用語などを覚えなければならない暗記問題よりも，比較的負担が少なく，短期間で効率的にレベルアップすることが可能といえるでしょう。

8-5　効率的な資格試験の勉強法③　文章・筆記問題

　最後は「文章・筆記問題」の勉強方法です。

　文章問題や筆記問題の種類はいろいろとありますが，ここでは長い文章（以下，与件文）を読み込んで，各設問を文字数指定の筆記式で解答する場合について説明します。

　文字数が指定された中で解答を組み立てる試験では，解答に必要な要素をすべて盛り込んだ文章を，限られた文字数で作成する必要があります。1つの要素について長々と文章を作ってしまうと，1つの要素の点数分しか得られません。

　そのため，「点数を獲得できる要素をすべて盛り込んで文章を組み立てる」という思考に集中する必要があるわけです。

　こうした文章・筆記問題では，次の2つの大きな問題により，高得点となる良質な解答の作成が困難になります。

　1つ目は，大量の与件文の中から解答に必要な要素を見つけ出す作業に時間がかかってしまうことです。これでは解答作成の際に「どこに何が書かれていたのか」を与件文の中から探し出す作業に時間がかかり，大幅に解答作成の時間が削られてしまいます。

　また，与件文から必要な要素を見つけ出す「作業」を行いながら，解答を組み立てるという「ながら思考」を行うため，本来の思考に集中できず，良質な解答を作成することが困難になります。さらに抽出する要素に漏れが発生する可能性が高まってしまいます。

　もう1つは，解答作成の際に必要な要素が漏れてしまうことです。

　頭の中で解答を組み立てながら解答用紙に記入してしまうと，**5-6** の集中整理・一覧性のイラストのように，頭の中にある要素だけで解答を作成してしまいます。それでは，必要な要素を漏れなく含めた解答を作成す

ることが難しくなります。

　このような文章・筆記問題の試験問題でスピーディに良質な解答を作成するためには，「思考力アップ三法則」を使って戦略的に取り組むと非常に効果的です。

　まずは，大量の与件文から各設問に必要な要素が，どこに明記されているのかを迅速に抽出する方法です。

　これは「作業と思考の分離」と「情報整理・見える化」を使います。

　1つ目は，与件文に書き込むことで，与件文の中でこれら2つの法則を活用する方法です。

　例えば，企業経営に関する問題であれば，与件文に書かれた強み・弱み・機会・脅威の内容の個所に赤ペンで⑤Ⓦ◎Ⓣを記入して下線を引いたりします。また，各段落の内容にタイトルを付けたりするなど，与件文の中で「情報整理・見える化」を行います。

　そうすれば設問の解答で強み・弱み・機会・脅威のいずれかの要素が必要な場合，大量の文章の中から即座に各々の要素を見出すことが可能となります。⑤Ⓦ◎Ⓣは，文章の内容で直感的に把握できるため「作業」に集中することができます。

【情報整理・見える化／与件への書込み】

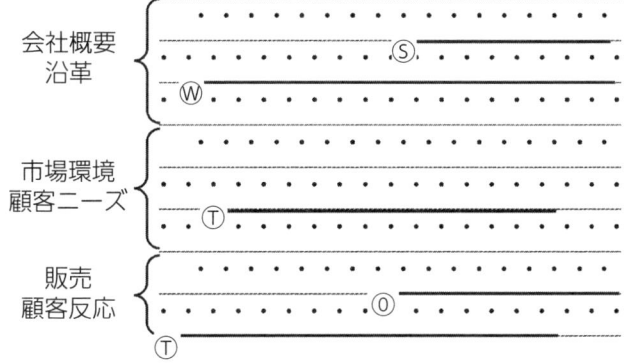

　もう1つは，設問と与件文を紐付けする方法です。これは1つの与件文に対して多くの設問が出される問題を解く場合に有効な方法です。

　設問ごとに異なる蛍光ペンなどを使って，与件文の中で各設問に関連している箇所を，各々の設問の色で下線を引く方法です。

　例えば，設問1は黄色のマーカーを使用し，問題文で「A社が行っているマーケティング戦略について，差別化ポイントは何か？」という問いであれば，キーワードは「マーケティング戦略」と「差別化」になります。

　まずは設問文のこれら2つの文字に黄色のマーカーで線を引くことで「情報整理・見える化」を行います。次に与件文の中で，これらの内容が書かれている個所に黄色のマーカーで下線を引いていくことで，与件文の「情報整理・見える化」を行うのです。

　こうすることで，設問と与件文との紐付けができ，設問で解答を組み立てる際にすぐに，関連している与件文に到達できるため，いちいち与件を1から読み直す必要がなくなります。

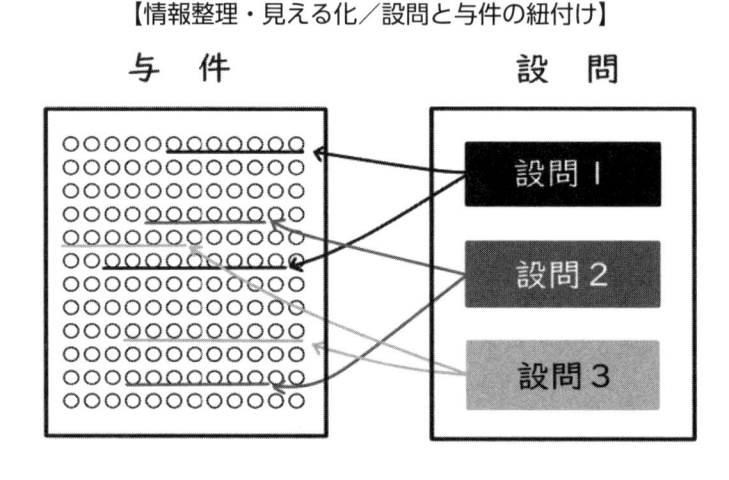

【情報整理・見える化／設問と与件の紐付け】

　次に，解答に必要な要素の漏れを防ぎ，必要な要素をすべて解答に盛り込む方法です。これは「作業と思考の分離」と「集中整理・一覧性」を使います。

　指定された文字数の範囲で必要な要素を漏れなく解答に盛り込むためには，必要な要素のすべてを一覧できる「集中整理・一覧性」を使います。そして，解答を組み立てるという「思考」に集中することが重要です。

　具体的には，設問の横に，与件文から必要な要素をすべて羅列します。さらに，自身の知識から必要な要素を同様に設問の横に書き込みます。「必要な要素」は，単語レベルや簡単な言葉で大丈夫です。

　これで解答を組み立てるために必要な要素はすべて一覧できる状態になりました。後はこの要素を見ながら，必要な要素をすべて制限文字数内に収まるように解答を組み立てるのです。

　文章・筆記問題で，与えられた膨大な与件文から限られた時間内と限られた文字数で必要な要素をすべて盛り込むのは至難の業です。でも，こうして工程を分解して，1つひとつの過程を丁寧に実施すれば，良質な解答を導き出せるようになります。

　もし，必要な要素が一覧できていなければ，解答作成に漏れが発生する可能性が高くなります。また，与件文からわざわざ必要な要素を探し出して見つけ出すという作業が発生して思考に集中できません。

　その結果，高得点が取れる良質な解答を作成することが困難になります。

　文章・筆記問題は，こうした膨大で煩雑な情報から緻密に解答を組み立てるためのプロセスが重要です。やみくもに問題を解くだけではうまくいかないのです。

　このように，解答を組み立てる前段階で「作業と思考の分離」の「作業」で必要な要素を抽出し，「情報整理・見える化」で必要な情報を抽出しやすく見える化します。

　次に「集中整理・一覧性」で必要な要素をすべて一覧できるようにして解答を組み立てるという「思考」に集中します。そして，この一連のプロセスを手順化すれば，難易度の高い文章・筆記問題も，誰でもスピーディに高得点が取れるようになります。

　学生時代に国語を苦手にしていた人でも，この方法を活用すれば，難易度の高い文章問題でも高得点が取れるようになります。

【集中整理・一覧性／解答の要素を整理】

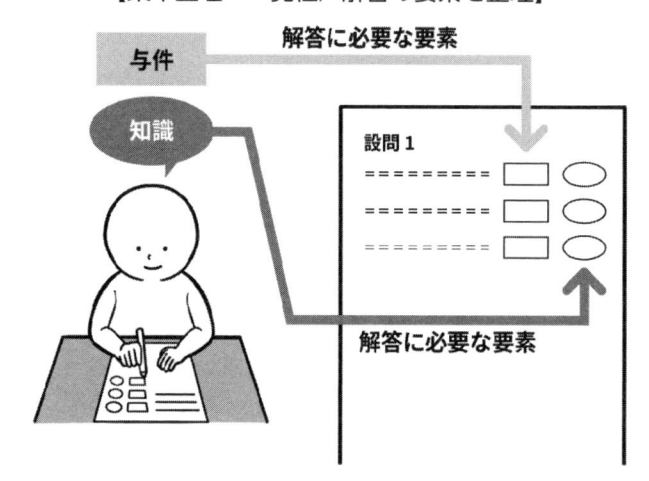

> 与件文と自身の知識から，設問の解答に必要なすべての要素をメモ書きして一覧できるように見える化し，それを見ながら解答を組み立てることで，すべての要素を盛り込んだ質の高い解答が書ける。

8-6　読書による効率的なノウハウ習得方法

　効率的にスキルアップしたい人にとって最も効率的な勉強方法は，ビジネス書を活用することです。ビジネス書は，各専門家が自身の専門領域を磨き上げて蓄積したさまざまなノウハウを，惜しげもなく伝授してくれているからです。

　しかし問題なのは，いくらビジネス書を熟読しても頭に残らず，すぐに忘れてしまうことが多いということです。そのため，習得したい知識に関する書籍を何冊読んでも，また同じ本を繰り返し読んでも，ほとんど記憶に残っておらず，結局自身のビジネスに活かすことができていない状態になる人が多いと思います。

　私はこれまでいろいろなジャンルの書籍を読み，それらのノウハウを必要に応じてカスタマイズしながら自身の実践スキルとして蓄積して，さまざまな現場で活かしています。こうして書籍のノウハウを効率的に自身の実践スキルとして習得することで，自身の専門知識を深めるだけでなく，仕事の幅も広げることが可能です。また，自身の成長スピードを飛躍的に高めることができています。

　そこで，書籍のノウハウを効率的に記憶する方法として，私が実践している読書法を伝えます。

　それは「思考力アップ三法則」を活用した読書法で，これには2つのパターンがありますので，各々について説明していきます。

　1つ目は，1回目で書籍の中で記憶したい内容を赤ペンで線を引き，2回目以降，赤線の箇所を繰り返し読んで記憶する，という方法です。

　具体的には，1回目は記憶しようとせず，さらっと目を通す程度に読み，直感的に「これは記憶として残しておきたい重要ポイントだ」と感じた個

実践編

所に赤線を引きます。

　その目的は「記憶したいところに線を引く」ということで，熟読して覚えようとする必要はないので，1回目は「作業と思考の分離」の「作業」として読むようなイメージです。

　書籍に赤線を引くことで読み返すときにポイントの個所だけすぐに到達できるように，書籍の中で「情報整理・見える化」を行うということです。

　そして2回目以降は「思考」に集中して，赤線の箇所のみを何度も熟読して「短期記憶の長期記憶化」を実行し，その個所を記憶させるというものです。

　こうすれば，何度も同じ本を読み直すという非効率な方法をとらなくても，書籍のポイントとなる個所を効率的に記憶することが可能になります。

　しかし，この方法は1つデメリットがあります。

　それは，書籍のカテゴリーが自身で精通していない，自身でほとんど知識のない分野で，そのカテゴリーの書籍の内容が非常に濃い場合は，書籍が赤線だらけになって，赤線が情報整理・見える化として機能しないことです。

　例えば，マクロ経済に関する専門知識がない中で経済学者の書籍を読むと，書かれている内容が理解できず，すべての内容が重要であるように感じて赤線だらけになります。さらに意味がわからない箇所を調べて書籍にメモを記入すると書籍が赤色に染まって煩雑になってしまい，記憶しにくい状態になってしまいます。

　そのためこの方法は，比較的習得するノウハウが少ない書籍を読む場合に有効です。

　2つ目は，復習ノートに整理するという方法で，1つ目の問題点を解決する方法になります。

　1回目に読むときは，先ほどと同様にポイント個所に赤線を引くという

「情報整理・見える化」を行います。次に，赤線を引いた個所を復習ノートに整理するという「集中整理・一覧性」の状態を作り上げ，その復習ノートを繰り返し読んで効率的に記憶するのです。

　復習ノートに整理するというのは，非常に手間と労力がかかりますが，書籍の内容の難易度が高く，自身の知らないさまざまな専門用語が出てくれば，それらを記憶するためには復習ノートに整理して，それを繰り返し見返して記憶するしかありません。

　そのため，この方法は一見面倒に思えますが，難易度の高い書籍を記憶するための効率的な方法といえるのです。

　読む本を「ビジネス書」として考えると，ここまで手間をかけたくないと思う人も多いかもしれません。しかし，こうしたビジネス書を「資格試験などの教科書」と考えたら，ここまでする必要があると考えやすいのではないでしょうか。

　しかも，資格試験の教科書は学術的な内容が多く，実際の現場で活用できるものは多くはありません。一方で良質なビジネス書は現場で即活用できる良質なノウハウが多く含まれています。

　ビジネスでのスキルを高めることが目的であれば，資格の教科書を学ぶのと同等の，それ以上のエネルギーをビジネス書に費やすことは理にかなっています。

　必要なスキルを習得する場合，こうして1冊1冊を丁寧に取り組んでノウハウを習得していけば，確実にスキルアップを図ることができます。

　5-1 の実践スキルのところで「ノウハウは知っているか知らないかで，ノウハウを知って自分で使えるようになれば自身のスキルになる」という話をしました。そのため，高い意識を持って読書に取り組めば，一気にレベルアップができます。

　たまに「私は年100冊読んでいる。このくらい読まないとレベルアップできない」という人がいますが，**1-4** で「学生時代のひたすら暗記する

方法は大人には不向き」と示したとおり，本を読むだけでは書籍の内容を実践スキルとして記憶することはできませんし，やみくもに読書の数を増やすことに本質的な意味はありません。これは自身を頭脳明晰であるとアピールしたいだけなので，そういう言葉に惑わされず，きちんと長期記憶化，実践スキル化できる正しい方法で，自身のレベルを上げていくことに集中しましょう。

【思考力アップ三法則を活用した読書法】

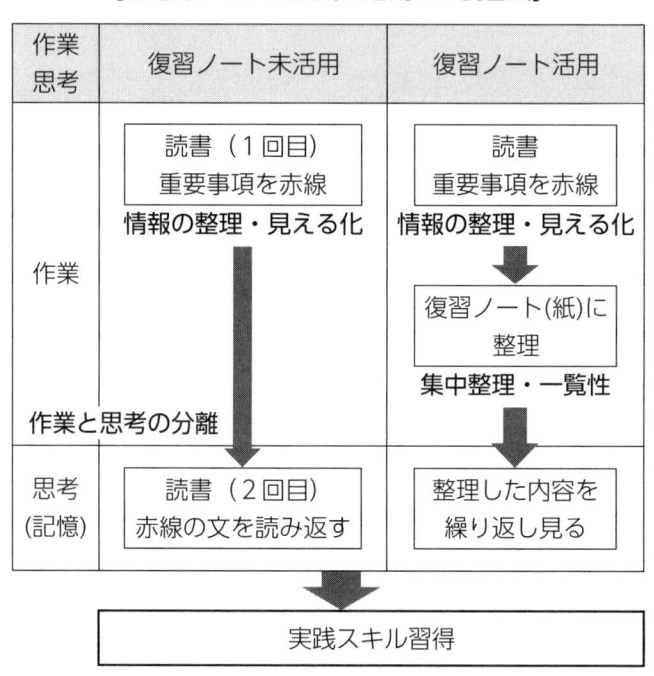

作業 思考	復習ノート未活用	復習ノート活用
作業	読書（1回目） 重要事項を赤線 **情報の整理・見える化** **作業と思考の分離**	読書 重要事項を赤線 **情報の整理・見える化** ↓ 復習ノート(紙)に整理 **集中整理・一覧性**
思考 （記憶）	読書（2回目） 赤線の文を読み返す	整理した内容を繰り返し見る

実践スキル習得

また，知見のないカテゴリーにおいて専門性を高めたい場合は，まずは基本的な，易しい書籍を選んで読むようにしてください。

いきなり難易度の高い本や雑誌をすすめる人もいますが，ベースの知識がない中では，難しい文章を読んでも，目で文字を追うだけで思考停止になるため，内容を理解することは難しいでしょう。

　基本を身につけた後に難易度を上げていくと，効率的にスキルを吸収することができます。基本が身についているので，難易度の高い情報でも，習得済みの基本情報と結びつけて理解することができるため理解が進み，思考力と記憶力が高まるからです。

　ただし，ビジネス書の内容は，必ずしも正しいとは限りませんし，自身の仕事や担当するクライアントに必ずしも適合するとは限りません。

　そのため，ビジネス書で習得したノウハウをそのまま当てはめ思考で活用するのではなく，いったん，演繹法として仮説を立てることに用いて，帰納法で実態を確認するとよいでしょう。

　なお，一定の実践スキルが身についていれば，　**7-6**　で示したように仮説的推論を活用して，効率的に内容が実践スキルとして有効かどうかを判断できるようになります。

　つまり，本を読むだけで情報の良し悪しを判断して取捨選択でき，必要な情報だけを即実践スキルとして取り込むことができるようになります。

　そうすれば，わざわざ帰納法で現場の確認を取るというステップが不要となります。よって，書籍の内容を即実践スキルとして習得することができるので，極めて効率的にレベルアップを図ることができるようになります。

　最後にもう１つ読書法を紹介します。私は「カテゴリー別読書法」と呼んでいますが，ノウハウを習得したい分野のビジネス書を集中的に３〜５冊続けて読むことです。そうすれば，その分野が未経験であっても一定レベルのノウハウを習得することができます。

　こうして専門領域を広げていけば，各分野で習得したノウハウを連携して思考することができるので，思考力をさらに磨き上げることができます。

実践編

ヒューマンアセスメントで高評価を得る方法

ヒューマンアセスメントとは，従業員の能力や特性，職務の適性などを，外部の専門家に委託して評価してもらうことです。

受講者は，インバスケット，グループ討議，面接演習，課題抽出といった課題を実施し，それを踏まえて評価者が受講者の適性を評価するもので，金融機関などで昇進・昇格の審査やリーダー選出などの目的で活用されています。

評価の方法は，ディメンションと呼ばれるさまざまな評価軸で点数をつける方法で，ディメンションの種類もいろいろとあって，講座の目的によって異なります。

ディメンションは，例えば「資質的側面」では自立性・多様性受容・ストレス耐性など，「対人的側面」ではリーダーシップ・情報共有力・対話力など，「思考的側面」では課題解決力・実行計画力・実行管理力，といったものなどがあり，各々の側面の各ディメンションについて点数がつけられます。

ヒューマンアセスメントでの評価は会社の昇進にも大きく影響するといわれているので，受講者はぜひ高得点を取得したいところです。

しかし，何の準備もなく取り組んでしまうと，実力を発揮することができません。

ヒューマンアセスメントで高い評価を得るには，資質的側面・対人的側面・思考的側面のいずれにおいても高い得点が求められます。

特に総合評価に大きく影響するのが「思考的側面」の「課題解決力」というディメンションである場合が多いです。そこで，この課題解決力について高評価が得られるためのノウハウを，「グループ討議」と「課題抽出」という研修について紹介します。

　まずは「グループ討議」について説明します。

　グループ討議は，まず会社の状況や経営課題が文章形式で明記されたA4用紙3〜5枚の資料（以下，与件文）が配られます。頁数は多くても，1頁当りの文字数はそれほど多くありません。

　最初は個人作業で，10分程度の時間をかけて個人で与件文を読み込みます。その後にグループで議論を行って，課題の解決策の構築を目指して討議を実施します。

　グループでの議論ではリーダーは設けず，全員が同じ立場でアイデアを出しながら解決策を見出していきます。

　そして，評価者は，このグループでの各受講者の発言などを踏まえて，各ディメンションの評価を行います。評価の対象は議論の中であるため，時間内に解決策までたどり着かなくても問題ありません。

　グループ討議はこのように，「個人作業」と「グループによる議論」に分かれて実施されますので，各々についてポイントを解説していきます。

　まずは「個人作業」ですが，ポイントになるのは，個人作業の中で，配られた資料をすべて理解して，SWOT分析を済ませ，課題解決策をあらかじめ考えておくことです。

　つまり，会社の強みと弱み，機会と脅威の「情報整理・見える化」を行って解決策を検討するのです。そうすれば，グループ討議ですべてを把握した状況で提案することが可能となります。

　多くの受講者は，時間内に資料全体を把握できていません。なぜなら，情報整理・見える化ができていないため，時間内で全体を理解するに至らないからです。

　個人作業で与件文を把握できていない中で，グループで議論を行うので，発言内容の中身が乏しくなったり，思いつきの発言が増えたりします。そうなると，的確な提案を行うことが難しくなり，ディメンションで良い評価が期待できなくなります。

【問題用紙の中での情報整理・見える化】

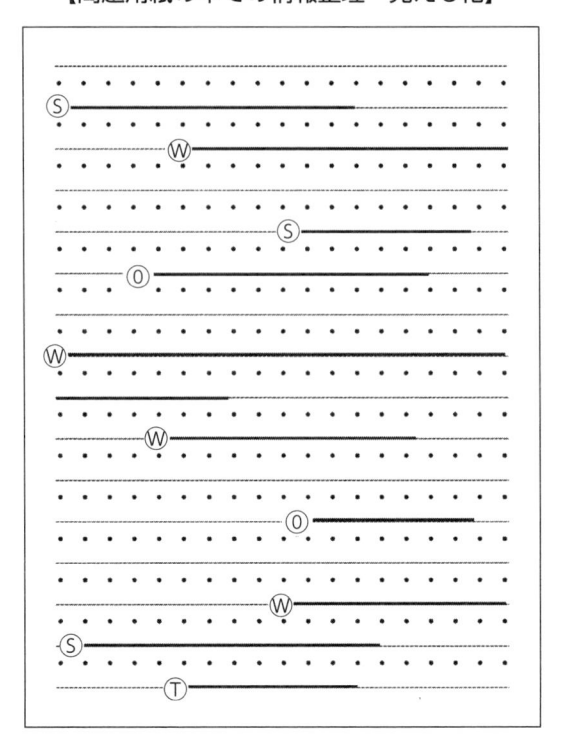

　「グループ討議」で良い評価を得るための具体的な方法は，個人作業のときに，上の図に示したとおり，**8-5** の文章・筆記問題と同様に，与件文に書かれた強み・弱み・機会・脅威の内容の個所に赤ペンでⓈⓌⓄⓉを記入して下線を引いて，与件文の中で情報整理・見える化を行います。

　さらに，問題の改善方法や強みの活用方法の提案内容をメモするとよいでしょう。

　こうして個人作業の中で，グループでの議論の準備をしておけば，資料の内容の理解が深まります。そして，議論の際に強みや問題点を見ながら提案することができるので，質の高い発言ができます。

　その他，与件の内容がマーケティングであるなど「顧客のニーズ」が掲

載される場合があります。その場合は，SWOTのほかに「顧客のニーズ」を加えるとよいでしょう。

　続いて「グループによる議論」ですが，ここで大切なことが大きく3つあります。

　1つ目は，進行を課題解決思考の順番で進めることです。まずは，現状を踏まえて与件文に書かれている強みと問題点，および機会と脅威を整理し，全員と共有します。

　これは，与件に書かれている内容なので迅速に行い，時間をかけてはいけません。SWOTに分けるという作業に時間をかけすぎると，課題解決策の構築という本質の議論ができなくなります。

　次の課題解決思考の手順は「原因究明」ですが，ここは書面で書かれている内容がすべてであり，ヒアリングで原因を確認することができないため，原因究明は不要です。

　そして，これらSWOTを踏まえた上で，全員と今後の方向性と具体策について議論します。高得点のポイントは，このファシリテートを行い，周囲の意見を聞きつつ，自身でも提案して進めていくことです。

　2つ目は，傾聴と提案のメリハリをはっきりさせることです。具体的には，相手の話をしっかり聞くこと，そして聞いた内容について的確な発言をすることです。

　その際には，当然ながら，相手や周囲への配慮した態度やコメントをすることで，対人的側面を向上させる必要があります。決して他者の発言をかぶせて発言したり，頭から否定したりしてはいけません。

　他者の発言については，誰が何を発言したかをしっかりとメモをして見える化しておけば，あらかじめSWOT分析で見える化した資料とあわせて，資料の内容と周囲の発言を踏まえて発言や提案を行うことができます。ここでもメモが重要なポイントになります。

　そして3つ目は，自身の問題を解決する方法と，強みを活かす方法の双方について提案し，しっかりと根拠を提示して，提案内容の効果を示すのです。そうすれば納得感の得られる提案となり，評価者からの高い評価を得ることが可能になるでしょう。

　以上が「グループ討議」に関する内容です。

　続いて「課題抽出」の講義について説明します。

　課題抽出は，グループ討議で実施した内容を，グループ討議の後に，自身で課題を明確にして，その解決方法と実行計画を策定する方法です。なお，場合によってはグループ討議を行わずに課題抽出が行われるケースもあると思われます。

　課題抽出での成果物は，①分析結果であるSWOT分析，②課題解決のための戦略と戦術，そして③戦術を実現するための実行計画，の3点です。この成果物の完成を目標に取り組みます。

　まずは，「①SWOT分析」ですが，先ほどのグループ討議と同様に，会社の状況が明記された資料を読み込んで，資料の中でⓈⓌⓄⓉを記入し，SWOT分析のフレームワークの形式で整理します。これで分析は完成です。

　続いて「②戦略・戦術の構築」ですが，これはSWOT分析を見ながら，各々について問題点を改善する方法と，強みを活かす方法を検討します。これは課題解決思考のゴールイメージと具体策です。

　情報がSWOTで整理されていれば，戦略・戦術を構築するための要素がすべて見える化された「集中整理・一覧性」の状態になっているため，全体を踏まえて思考し，問題の解決と強みの活用について，戦略と戦術を整理します。

　戦略と戦術の構築方法は，まずは各々の強みと弱みに関する施策を構築します。問題点であればその問題を解決する手法，強みであればその強みを活かす手法です。これらを1つひとつ構築するのです。

そして，これらの施策をカテゴリー別にグルーピングして，各々のグループを「戦略」として戦略名を構築し，各施策を戦術として整理します。

例えば，戦略であれば「経営改善」「マーケティングの強化」などで，各々の戦術は，構築した戦術のままで大丈夫です。これで戦略と戦術は完了します。

最後に「③実行計画」ですが，これらの戦術についてガントチャートを作って，どの施策をいつからいつまで実施するかの仮説を立てながら実施します。

このときに重要なのが優先順位と重要度です。優先順位は，基本的には実施しやすいものから先に実施するよう順位付けを行います。その際に，イメージしたゴールを達成するための順位付けという観点も踏まえることが大切です。

さらに重要度の高いものについても優先度を高めて注力する必要があります。これらを踏まえて総合的に順位付けを行って，ガントチャートで「いつからいつまで」というスケジュールを立てて，優先順位についてコメントを追加すればよいでしょう。

ここまでできれば，他者を圧倒できる最高の評価を得られます。

ただし，ここまで実施できなくても，せめてSWOT分析と戦略・戦術の構築までは完成することを目指してください。

また，戦術についてはあまり細かいところまで問われませんので，中身にこだわりすぎて無理に時間をかける必要はありません。そもそも与件文がすべての情報であり，ヒアリングで原因究明できないので，演繹法レベルの施策で十分です。ポイントは「SWOT分析」「戦略・戦術の構築」という合理的なストーリーどおりに形を作り上げることです。

【「課題抽出」の実施プロセス】

＜ＳＷＯＴ分析＞

S	W
・－－－－－ ・－－－－－ 　　　：	・－－－－－ ・－－－－－ 　　　：
○	T
・－－－－－ ・－－－－－ 　　　：	・－－－－－ ・－－－－－ 　　　：

＜戦略・戦術＞

（1）組織体制の見直し

　　① －－－－

　　② －－－－

（2）マーケティングの強化

　　① －－－－

　　② －－－－

　　　　：

＜実行計画＞

戦略	戦術	日程				
		1月	2月	3月	4月	・・・
（1）組織体制の見直し	① －－－－－	◄――►				
	② －－－－－			◄――►		
	：					
（2）マーケティングの強化	① －－－－－			◄――――►		
	② －－－－－				◄―――‑	
	：					

おわりに

　私は会社員時代の20代後半に課題解決思考を習得しました。

　当時は産業用コンピュータの営業担当をしていました。産業用コンピュータというのは人が机の上で使用するものではなく，半導体製造装置など重要な装置へ組み込む用途が多かったため，コンピュータ自体が故障すると大きな問題になりました。そのためトラブルが発生したら，トラブル対応で営業活動が頓挫することが頻繁にあったのです。

　他の営業担当はこうしたトラブル対応を技術担当に丸投げして，技術担当はいつも仕事が溢れて多忙であったため，迅速に対応してもらえません。そのため私はすべてのトラブルに自身が窓口になって対応していました。

　ただし組織の理論に従って組織横断的に依頼する場合，まずは自身の営業の上司に報告して技術部門の上司に確認を取ってから，技術部門の担当者と話をします。そして技術担当が顧客に連絡を取ります。技術部門だけでは不十分と判断すれば工場の設計部門や開発部門などへの応援のため上司に確認を取ってから担当者に依頼をして，……といった，非常に面倒で不要なやりとりが多々発生してしまい，無駄な時間が膨大にかかってしまいました。

　そこで私は，顧客から直接ヒアリングを行って情報収集を行い，自身でトラブル対応の全体設計まで行ってから，直接各部門の担当者に依頼メールを発信していました。

　具体的な依頼メールの方法と内容は，関係部署の担当者に，顧客の内容の現状と問題点を示し，各部門の担当者に直接「品質部門の○○さんは〜を実施してください。生産課の△△さんは〜の準備をお願いします。設計の□□さんは〜をお願いします」という具合に，現場の担当者に直接具体的な内容を依頼していました。

各部門の管理者にはCCを入れるだけで済ますケースが多かったのですが，相当な時間や労力がかかりそうな場合は，直接管理者や担当者に事前に電話でお願いしてからメールをしていました。

　つまり，頻発するトラブルの対応のたびに，本書で紹介する課題解決思考を手順どおり行っていたのです。当時はこのような思考法についての知見はまったくありませんでしたが，トラブルを解決するために自然とこの手法を活用していたわけです。

　こうした対応を始めた当初は，顧客と電話で情報収集を行ったり，解決策までの施策を構築したりするのに非常に時間を要していました。聞き取った内容をしっかりとメモし，わからない点があったら即確認して理解できるまで聞き直しました。

　1つひとつ丁寧に事実を理解しながらヒアリングを進めて，現状把握から問題点が何かを明確にして，どうすればトラブルが解決するのかについて，まず全体を立案し，実現するためにはどの部門のどの担当者に何を依頼すればよいのかについて詳細設計を行いました。

　こうした対応を何度も頻繁に繰り返した結果，どのようなトラブル状況下においても一連の流れを行うことによって迅速に対応できるようになりました。対応するトラブルは各々まったく異なる内容でしたが，課題解決思考の手順である「現状把握→問題点抽出→原因究明→ゴールイメージ描写→具体策構築」といったプロセスは同じであるため，自然とそのプロセスが頭の中で思考できるようになって，迅速にトラブル対応ができるようになったのです。 **1-5** の「課題解決思考の脳内イメージ図」で示したとおりです。

　これが私の課題解決思考の習得の経緯です。

　課題解決思考習得後は，トラブルの数は減りませんでしたが，トラブル対応にかかる時間や負荷が大幅に削減できました。そのため，新規開拓営

業に注力できるようになり，営業成績も向上していきました。

　以降，習得した課題解決思考を活用してさまざまな資格試験にチャレンジしました。その後，独立して事業デューデリジェンスや現場の実行支援などのコンサルティングでさまざまな経験を積みながら思考力や実践スキルを磨き上げて，思考に関する手法を「しくみ化」していきました。

　さらに思考法については，脳科学の書籍を読み漁り，自身で構築した思考のしくみについてブラッシュアップしていきました。

　このようにして，さまざまな状況で対応できる思考法を確立していき，本書の執筆に至りました。

　本書をじっくりと読んでいただければ，医者が個々の患者を診て治療するように，しっかりと分析し，相手に合わせた最適な提案を行うという質の高い仕事を行うためには，課題解決思考が必須のスキルであることを理解いただけたかと思います。

　私はコンサルティングを生業にしていますが，コンサルティングの現場では，さまざまな企業が各々特有の課題を抱えています。しかし実際の現場では，多くのコンサルタントはその課題まで突き止めきれていません。なぜなら，問題を発見したら当てはめ思考ですぐに提案してしまい，問題の真の原因を追究していないからです。これでは顧客の課題は解決しないだけでなく，コンサルタントとして単に表面的な実績を増やすだけで，中身の経験を積んで成長することはできません。

　一方で，真の原因まで追究して踏み込んだコンサルティングを行うことができれば，確実に顧客の課題を解決することができます。また相手企業に踏み込むことで，さまざまなドラマが起きるため，スキルアップだけでなく，人として成長できる多くの経験を積むことができます。

　さらに，顧客や関連機関からは高く評価され，顧客からは感謝されるため，本当に役立ったと実感できます。

これはコンサルティングに限らず，思考を伴う業務であれば，すべての仕事に共通するものだと思います。

　このように，レベルアップできれば，仕事を充実させるだけでなく，人生そのものを豊かにしてくれます。

　これから世の中はAIの時代になります。専門知識が武器にならない時代になるのです。いくら多くの専門知識を持っていても，単に専門知識を提供するだけの仕事では，AIに取って代わられるため生き残ることはできません。ただし，課題解決思考を習得すれば，相手に合わせた提案内容をカスタマイズして構築するので，AIでは導き出せない，相手にとって最適な提案を行うことができるのです。

　コンサルタントに限らず，これからの仕事で重要になるのが「分析力」と「提案力」です。課題解決思考を習得すれば，確実に分析力と提案力は向上します。さらに実践スキルを積み上げていけば，提案力はパワーアップしていきます。そしてさまざまな業務に挑戦して実績を積み重ねていけば，いろいろ体験ができ，豊かな仕事人生を送ることができます。

　なお，難題に対して「答えはない」というフレーズが使われることがありますが，課題解決思考を活用すれば必ず答えにたどり着くことができます。最初は答えが50点，60点のものでも構いません。それらをブラッシュアップしながら100点の答えを目指せばよいのです。そのため難題にぶつかっても「答えはない」と逃げて思考停止になるのではなく，1つひとつ丁寧に課題解決思考を使って答えを導き出すことを心がけてください。それが必ず自身の成長につながります。

　本書を読んだ皆様が，プロフェッショナルとして活躍し，充実した仕事人生を送られることを心から願っております。

【参考文献】

加藤俊徳『ゆがみをなおせば，毎日のワクワクを取り戻せる！　脳コンディショニング』（かんき出版）

加藤俊徳『脳のループから解放される！　「執着しない脳」のつくり方』（大和書房）

加藤俊徳『一生頭がよくなり続ける　すごい脳の使い方』（サンマーク出版）

加藤俊徳『一生成長する大人脳』（扶桑社）

加藤俊徳『頭が良くなっていく人のすごい習慣』（ぱる出版）

加藤俊徳『一生頭がよくなり続ける　もっとすごい脳の使い方』（サンマーク出版）

加藤俊徳『一流脳—やり抜く人の時間術—』（幻冬舎）

中野信子『あなたの脳のしつけ方—目からウロコの「実践」脳科学—』（青春出版社）

中野信子『脳の闇』（新潮社）

中野信子『賢くしなやかに生きる脳の使い方100』（宝島社）

大前研一『第4の波：大前流「21世紀型経済理論」』（小学館）

羽田康祐『問題解決力を高める「推論」の技術』（フォレスト出版）

寺嶋直史『究極の問題解決力が身につく　瞬発思考』（文響社）

寺嶋直史『コンサルタントのための課題解決型ヒアリングの技術』（中央経済社）

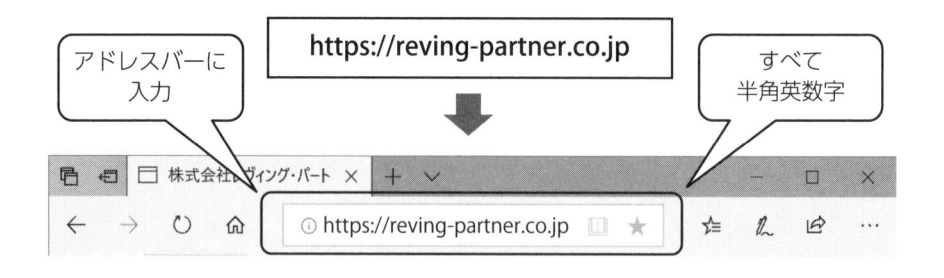

③ 「書籍特典ダウンロードページ」の本書の【書籍特典ダウンロード】ボタンをクリックしてください。

書籍の表紙の画像

書籍特典ダウンロード

④ 「書籍特典ダウンロードページ」のパスワード入力欄に，以下のパスワードを入力して，【確定】ボタンをクリックします。

パスワード: 25316 　　　　確定

⑤ 申込フォームに必要事項を入力し，【送信】ボタンをクリックします。

⑥ 【送信】ボタンをクリックしてしばらくすると，⑤で入力したメールアドレス宛に，ダウンロード案内のメールが届きます。メールの本文にある「書籍特典ダウンロードリンク」にアクセスすると，ダウンロードできます。

【著者紹介】

寺嶋 直史（てらじま　なおし）

事業再生コンサルタント，中小企業診断士，株式会社レヴィング・パートナー代表取締役。

大手総合電機メーカーに15年在籍し，部門で社長賞等多数の業績に貢献，個人では幹部候補にも抜擢される。その後独立してコンサルティング会社を立ち上げ，多くの中小の再生企業を再生に導いている。その他，1年で一流の経営コンサルタントを養成する「経営コンサルタント養成塾」の塾長として，金融知識，課題解決思考，課題解決型ヒアリング，事業デューデリジェンス，財務分析，経営改善手法，事業計画，ブランディングなど幅広い講義を実施。

著書に『再生コンサルティングの質を高める 事業デューデリジェンスの実務入門』『コンサルタントのための課題解決型ヒアリングの技術』（いずれも中央経済社）等がある。

ホームページ　https://reving-partner.co.jp

仕事の質とスピードがUPする

課題解決思考の技術

2025年3月20日　第1版第1刷発行

著 者	寺 嶋 直 史	
発行者	山 本 継	
発行所	㈱中 央 経 済 社	
発売元	㈱中央経済グループ パブリッシング	

〒101-0051　東京都千代田区神田神保町1-35
電話　03 (3293) 3371（編集代表）
　　　03 (3293) 3381（営業代表）
https://www.chuokeizai.co.jp

印刷／㈱堀内印刷所
製本／㈲井上製本所

© 2025
Printed in Japan

＊頁の「欠落」や「順序違い」などがありましたらお取り替えいたしますので発売元までご送付ください。（送料小社負担）

ISBN978-4-502-53161-3　C3034